GERTRAUD MARIA MÜHLBACH
DAS KAISERHAUS ZU BADEN

GERTRAUD MARIA MÜHLBACH

Das Kaiserhaus zu Baden

Franz I. und Karl I. von Österreich

VERLAG G. GRASL, BADEN

Die Deutsche Bibliothek - CIP-Einheitsaufnahme

Mühlbach, Gertraud M.:
Das Kaiserhaus zu Baden : Franz I. und Karl I. von Österreich / Gertraud Maria Mühlbach. - Baden : Grasl, 2000
ISBN 3-85098-250-5

Gedruckt mit finanzieller Unterstützung der Stadtgemeinde Baden

ISBN 3-85098-250-5

Gesamtherstellung: Grasl Druck & Neue Medien, 2540 Bad Vöslau – 2500 Baden

Inhaltsverzeichnis

Zum Geleit

Unter sehr eigenständig-kritischer Verwertung archivalischer Quellen und reicher gedruckter Quellen und Literatur schildert die Verfasserin überaus einfühlsam, aber durchaus nüchtern-ausgewogen, Personen und Ereignisse um das „Kaiserhaus“ in Baden von 1813 bis 1918. Schwerpunkt sind die Jahre 1813 bis 1834, als es Kaiser Franz II. (I.) „zum persönlichen Gebrauche“ dient, und die Kriegsjahre 1917/18, als es „Allerhöchstes Hoflager“, ab Februar 1918 auch Residenz der kaiserlichen Familie, ist.

In fesselnder Weise beschreibt die Autorin die Vorgänge um das „Kaiserhaus“ und verknüpft dabei die politischen, militärischen, sozialen, wirtschaftlichen, religiösen, kultur- und geistesgeschichtlichen Elemente zu einem lebendigen Ganzen. Diese Vorgänge haben vor allem im Ersten Weltkrieg Bedeutung weit über Baden und Österreich hinaus gehabt.

Univ.-Prof. Dr. Wolfdieter Bihl
Institut für Geschichte der Universität Wien

1. Einleitung

Das Gebäude in der niederösterreichischen Kurstadt Baden, direkt im Zentrum gegenüber der barocken Dreifaltigkeitssäule und dem klassizistischen Rathaus mit der Adresse Hauptplatz 17, ist trotz seiner Schlichtheit eine „erste Adresse".

Das unauffällige und wenig bekannte Gebäude, das im Badener Sprachgebrauch bis heute allgemein als „Kaiserhaus" bezeichnet wird, steht zweimal im Brennpunkt der österreichischen Geschichte.

Von 1813 bis zum Sommer 1834 dient es Kaiser Franz II. (I.) „zum persönlichen Gebrauche" und unter Kaiser Karl I. ist es in den dramatischen Kriegsjahren 1917 und 1918 „Allerhöchstes Hoflager", ab Februar 1918 überdies Residenz der kaiserlichen Familie.

Ohne Anspruch auf Vollständigkeit sollen Ereignisse dargestellt werden, deren Schauplatz entweder das Gebäude selbst ist oder die damit in engstem Zusammenhang stehen.

2. Baden bei Wien

Baden bei Wien, im Jahre 1480 von Kaiser Friedrich III. zur Stadt erhoben, weist eine lange Badetradition auf und wird sowohl wegen der Heilkraft ihrer schwefelhältigen Quellen als auch wegen der schönen Landschaft, in die sie eingebettet ist, in zahlreichen Schriften gerühmt.

Die warmen Heilquellen, besonders wirksam gegen Gelenksleiden, nützt man im 19. Jahrhundert innerlich für Trinkkuren und äußerlich für Bäder aller Art – von Wannen-, Dusch- und Tropfbädern bis zu Dunst- und Dampfbädern.

Der Badeschlamm dient für Umschläge; das Badener Salz wird in den Apotheken verkauft[1].

Zahlreiche Quartiere in Gasthöfen und privaten Bürgerhäusern stehen den Gästen zur Verfügung, desgleichen elegante Gast- und Kaffeehäuser[2].

Ein Kursaal, ein schöner Park, ein angenehmer und romantischer Weg ins nahe gelegene Helenental, ein Theater und eine dazugehörige Sommerarena sorgen für Abwechslung und Unterhaltung[3].

Die nach der Brandkatastrophe des Jahres 1812 im einheitlichen Stil der damaligen Zeit – der Biedermeierzeit – wiedererrichteten Gebäude im Stadtzentrum stellen ein wertvolles und gut erhaltenes Erbe dar. Sie prägen mit ihren ein bis zwei Obergeschoßen, sparsam verzierten Fassaden, nach außen aufgehenden Kastenfenstern und begrünten Innenhöfen das architektonische Gesamtbild am und um den Hauptplatz und vermitteln bis in die Gegenwart biedermeierliches Lebensgefühl.

Der vorderösterreichische Beamte Johann Baptist Martin von Arand, der Baden während seiner Wiener Studienjahre kennengelernt hatte, widmet der Stadt in seiner Selbstbiographie eine kurze, prägnante Beschreibung:

(...)

„Baden hat nur eine Hauptgasse; in der Mitte ist der Markt; auf dem Platze steht von Stein die Säule der Heiligen Dreieinigkeit auf einem Piedestal. Das Rathaus ist an der Ecke des Marktes erbaut, ein altes Gebäude mit einem Turme. Die Pfarrkirche paradiert am Wiener Tor, ein schönes gotisches Gebäude, von Quadern aufgeführt. Das Pflaster ist gut. Jetzt soll die Stadt sehr verschönert sein, ein Theater und ein Casino haben, auch einen prächtigen Redoutensaal. Man ist sehr gut bedient und kann jeder leben, wie er will.

Die Heilquelle ist sehr gut, das Wasser fließt warm.“ (...)[4]

3. Kaiser Franz II. (I.)

(12. 2. 1768–2. 3. 1835)
Namenstag 4. Oktober – hl. Franziskus von Assisi
römisch-deutscher Kaiser seit 1792–1806
Kaiser von Österreich 1804–1835
Wahlspruch: IUSTITIA REGNORUM FUNDAMENTUM

Der Vierundzwanzigjährige tritt das Herrscheramt in einer stürmischen Epoche der Geschichte an – in der Zeit der Napoleonischen Eroberungskriege.

Die militärischen Auseinandersetzungen mit Napoleon erstrecken sich über einen Zeitraum von dreiundzwanzig Jahren – das ist mehr als die Hälfte der Regierungszeit von Kaiser Franz.

Nach dem siegreichen Abschluss der Napoleonischen Kriege wählen die siegreichen Alliierten, welche die Hegemonie Napoleons gebrochen hatten, die kaiserliche Haupt- und Residenzstadt Wien als Tagungsort für die Ausführung der Friedensverträge von Paris vom 30. Mai 1814 (1. Pariser Friede).

Mit dieser Geste des Dankes wird den Leistungen Österreichs Rechnung getragen, das über zwei Jahrzehnte der Expansionspolitik des revolutionären und imperialen Frankreich Widerstand geleistet und einen sehr maßgeblichen Anteil an den Befreiungskriegen gehabt hatte[1].

Dank der politischen Bedeutung des Wiener Kongresses und des glanzvollen kulturellen und gesellschaftlichen Rahmenprogrammes rückt Wien von Mitte September 1814 bis Mitte Juni 1815 fast ein Jahr lang in den Mittelpunkt des Weltgeschehens und des Weltinteresses[2].

Hauptziel ist die Rekonstruktion Europas auf der Grundlage des Gleichgewichtes, somit der Herrschaft der fünf Großmächte Österreich, Preußen, Rußland, England und Frankreich. Einer Revolution soll keine Möglichkeit mehr zur Entfaltung geboten werden[3].

Die verlorene Größe des österreichischen Kaisertums ist wiedergewonnen und der Monarch will seinen Völkern in Zukunft vor allem Ruhe und Ordnung garantieren.

Der Staat soll jeden Umsturz und jeden Versuch einer Reform vermeiden. Zu diesem Zweck errichtet man eine umfassende polizeiliche Überwachung und setzt die Zensur ein.

In diese Zielsetzung fügt sich das Metternich'sche System, das jedweden Anspruch der Völker auf Teilnahme an der Regierung verneint und die althergebrachten Rechte des Herrschers ungeschmälert zu erhalten trachtet[4].

Kaiser Franz ist Majestät von Gottes Gnaden und übt seine Herrschaft mit Hilfe weltlicher und geistlicher Funktionäre aus[5].

Ausgeprägtes Pflichtgefühl, aufrichtiges Streben nach Gerechtigkeit, Sparsamkeit und kleinbürgerliche Gewohnheiten, gepaart mit Leutseligkeit und natürlicher Geradheit lassen ihn bei den einfachen Menschen, die er klug zu behandeln versteht, als den „guten Kaiser Franz“ erscheinen[6].

Abb. 1: Kaiser Franz I.

Getreu seinem Wahlspruch IUSTITIA REGNORUM FUNDAMENTUM betreibt er die Schaffung einer wohlfundierten Gesetzessammlung für die Sicherung der Privatrechte.

Nach langjährigen Vorarbeiten einer hiefür ernannten Kommission tritt am 1. Jänner 1812 das Allgemeine Bürgerliche Gesetzbuch (ABGB) in Kraft. Es bleibt bis 1914 – mehr als hundert Jahre – unverändert in Geltung und ist bis heute eine wichtige Rechtsgrundlage.

Ganz im Gegensatz zur Unterdrückung neuer geistiger und nationaler Interessen steht die Aufgeschlossenheit von Kaiser Franz I. für alle technischen Neuerungen, welche das Zeitalter der Industrialisierung einleiten und schließlich zu den sozialen Problemen der industriellen Revolution führen.

Als Insignie des Kaisertums Österreich dient die Krone Kaiser Rudolphs II., die bisher von den habsburgischen und habsburgisch-lothringischen Kaisern als Hauskrone verwendet worden war[7].

Kaiser Rudolph II. (1576–1612), einer der bedeutendsten Kunstsammler des Abendlandes, hatte sie 1602 auf dem Hradschin in Prag für sich anfertigen lassen.

Die Krone ist ein Werk des Kammergoldschmiedes Jan Vermeyen. Zu dem hohen künstlerischen Rang gesellt sich ein für die damalige Zeit gigantischer Aufwand an edlem Gestein und Perlen. Außer Gold und Email werden Tafelsteine, Rubine und ein Saphir verwendet[8].

Die reichlichen Perlen sind Flussperlen aus österreichischen Gewässern.

Die musikalische Überhöhung des regierenden Monarchen fällt in die Zeit größter Bedrängnis durch Napoleon am Anfang des Jahres 1797.

Für den Geburtstag des Kaisers am 12. Februar komponiert Joseph Haydn (1732–1809) zu dem von Laurenz Leopold Haschka (1749–1827) verfassten Text jene Melodie, die vom „Volkslied“ zur später so bezeichneten „Kaiserhymne“ wird und der Identifizierung der Bürger mit ihrem Land und ihrem Regenten dient.

In Anwesenheit des Kaiserpaares erklingt das Lied zum ersten Mal im Burgtheater am 12. Februar 1797[9].

Anlässlich der Thronbesteigung durch Kaiser Ferdinand I. wird der Text verändert[10].

Ein neuer Text für Kaiser Franz Joseph I. ist ab März 1854 in Verwendung und bleibt bis November 1918 unverändert[11].

Unter Kaiser Franz I. (als deutscher Kaiser Franz II.) wird Baden Ziel regelmäßiger Séjours.

Die Stadt verdankt ihm den Aufstieg zur „kaiserlichen Sommerfrische“ und zu einem der bedeutendsten Badeorte der Monarchie.

Im Jahre 1815 werden im heutigen Stadtgebiet 4219 Einwohner gezählt; der Zuzug verstärkt sich in den folgenden Jahren erheblich.

Der fast alljährliche Aufenthalt des Monarchen mit Familie und Gefolge bringt Adelige, wohlhabende Bürger, namhafte Künstler aus allen Bereichen – Franz Grillparzer (1791–1872) und Ludwig van Beethoven (1770–1827) sind unter ihnen – und andere bedeutende Persönlichkeiten als Besucher und Kurgäste.

Baden kommt in Mode und ist im Sommer Treffpunkt der eleganten Welt. An Sonntagen ist es bevorzugtes Ausflugsziel der Wiener Gesellschaft.

Das Streben von Adel und Bürgertum nach einem eigenen Sommersitz in Baden bringt eine rege Bautätigkeit und die Errichtung herrschaftlicher Villen mit sich, die das Stadtbild bis heute bereichern.

Als technische Pionierleistung wird der Durchbruch durch das Felsmassiv des Urtelsteines im Helenental und die Errichtung eines Straßentunnels, damals poetisch „Felsenthor“ genannt, gerühmt.

Durch Sprengung kann die Straße entlang des Schwechatufers bequem und eben bis Heiligenkreuz befahren werden[12].

Abb. 2: Die österreichische Kaiserkrone

Gott, erhalte den Kaiser!

1.

Gott! erhalte Franz den Kaiser,
Unsern guten Kaiser Franz!
Lange lebe Franz der Kaiser
In des Glückes hellstem Glanz!
Ihm erblühen Lorber-Reiser,
Wo Er geht, zum Ehren-Kranz!
Gott! erhalte Franz den Kaiser,
Unsern guten Kaiser Franz!

2.

Laß von Seiner Fahnen Spitzen
Strahlen Sieg und Furchtbarkeit!
Laß in Seinem Rathe sitzen
Weisheit, Klugheit, Redlichkeit;
Und mit Seiner Hoheit Blitzen
Schalten nur Gerechtigkeit!
Gott! erhalte Franz den Kaiser,
Unsern guten Kaiser Franz!

3.

Ströme deiner Gaben Fülle
Über Ihn, Sein Haus und Reich!
Brich der Bosheit Macht; enthülle
Jeden Schelm- und Buben-Streich!
Dein Gesetz sey stets Sein Wille;
Dieser uns Gesetzen gleich!
Gott! erhalte Franz den Kaiser,
Unsern guten Kaiser Franz!

4.

Froh erleb' Er Seiner Lande,
Seiner Völker höchsten Flor!
Seh' sie, Eins durch Bruder-Bande,
Ragen allen Andern vor;
Und vernehme noch am Rande
Später Gruft der Enkel Chor;
Gott! erhalte Franz den Kaiser,
Unsern guten Kaiser Franz!

Abb. 3: Kaiserhymne (Erstdruck)

Der aus der Biedermeierzeit stammende Straßentunnel ist mit der wenig beachteten Überschrift:

IMPERANTE FRANCISCO I.
und mit rechts im Felsen eingravierten Daten versehen:
Begonnen am 18. April 1826.
Beendigt am 31. May 1827.

Großzügig unterstützt Kaiser Franz das damals kühne Unternehmen[13].

Die kaiserliche Familie bewegt sich in Baden frei und ungezwungen. Nur bei offiziellen Anlässen kommt das strenge höfische Protokoll zur Anwendung.

Seinen Aufenthalt verbindet der Kaiser stets mit Badekuren. Er verhilft damit einer jahrhundertelangen Nutzung des schwefelhaltigen Thermalwassers, das mit einer Temperatur von etwa 35 °C aus der Erde kommt[14], zu neuem und höchstem Ansehen.

Bis zum Ankauf des Gebäudes Hauptplatz Nr. 17, das bis in die Gegenwart im Badener Sprachgebrauch als „Kaiserhaus" bezeichnet wird, ist der Hof stets im ehemaligen Kloster der Augustiner Eremiten (Areal Frauengasse 3–5 und Wassergasse 2–4) eingemietet[15].

4. Der große Stadtbrand

Der erste längere Sommeraufenthalt von Kaiser Franz II. (I.), verbunden mit einer Badekur, findet in der Kurstadt Baden im Jahre 1796 statt[1].

Für den Kaiser wird im Augustinerkloster eine Wohnung eingerichtet, der mitreisende Hofstaat in privaten Häusern untergebracht.

Mit Ausnahme der Jahre 1809 und 1810 wiederholen sich die Séjours regelmäßig jeden Sommer.

Am „Annentag", das ist am 26. Juli des Jahres 1812, bricht im Zentrum der Stadt ein Feuer aus, verbreitet sich rasch und verursacht einen riesigen Schaden.

Der Brandkatastrophe fällt ein Großteil der Gebäude im Zentrum der Stadt zum Opfer.

Die „Österreichisch=Kaiserliche privilegierte Wiener Zeitung" berichtet, dass

„seit dem 26. Julius 117 Häuser, zum Theil die größten und schönsten des berühmten Kurorts BADEN, in Schutt und Asche liegen." (...)[2]

Kaiser Franz ist am 27. Juli von einer Reise zurückgekehrt und eilt sofort in die heimgesuchte Stadt.

„Se.Maj. der Kaiser haben Sich sogleich nach BADEN verfügt, um Sich von dem alldort, am 26. d.M. durch eine wüthende Feuersbrunst verbreiteten Unglücke Allerhöchstselbst zu überzeugen, und mit väterlicher Sorgfalt die erforderlichen Befehle zur gänzlichen Unterdrückung der an mehreren Orten noch im Verborgenen wirkenden Flamme, zu ertheilen,"[3] (...)

schreibt dieselbe Zeitung, in welcher Hofnachrichten stets an erster Stelle stehen und einen breiten Raum einnehmen.

Die großzügige habsburgische Hilfe vertieft die Verbundenheit der Bevölkerung mit „ihrem" Kaiser und dessen Brüdern.

„Die in Baden anwesenden Erzherzoge, Brüder des Kaisers, sah man die Rettungsanstalten leiten. Wo die Gefahr am größten war, da fand man sie, befehlend, ordnend, helfend. (...)

Erzherzog Anton[4] stellte seine Feuerspritze zur Verfügung und gab sein eigenes Haus den Flammen preis, um Bürgerhäuser zu retten."[5]

In der Folge erleichtern zahlreiche Geld- und Sachspenden, an welchen sich unter anderen auch der Kaiser selbst und seine Brüder beteiligen, das Los der „Abbrandler" und ermöglichen einen raschen Wiederaufbau der zerstörten Gebäude.

Der im Amt befindliche „Langzeitbürgermeister" Martin Joseph Mayer (1805–1832), ausgebildeter Jurist und Besitzer einer Weinhandlung, der bereits 1805 und 1809 während der Franzoseninvasion schwierige Aufgaben zu bewältigen hatte, sieht sich nach der großen Brandkatastrophe vor eine neue Herausforderung gestellt.

5. Ein Haus für den Kaiser

Zahlreiche für die Stadt wichtige Gebäude sind nun abgebrannt – Rathaus, Casino, Frauenbad und Augustinerkloster befinden sich unter ihnen.

Angesichts der Tatsache, dass ein Wiederaufbau des Augustinerklosters nicht in Betracht kommt, besteht Bedarf nach einer neuen Unterkunft für den Kaiser.

In unmittelbarer Nähe des ehemaligen Augustinerklosters, direkt am Hauptplatz, befindet sich das Fürst Esterhazysche Haus. Dieses lässt Kaiser Franz vom Ärarium für seinen persönlichen Gebrauch ankaufen.

Das 1792 errichtete Gebäude mit seiner einfach gegliederten Fassade und zwei Obergeschoßen ist im Wesentlichen bis heute unverändert erhalten und wird besonders von dem Bereich um das Eingangstor geprägt.

Zwei toskanische Säulen beiderseits des Einganges tragen einen Balkon und sind durch einen waagrechten Zierstreifen miteinander verbunden.

Die Verhandlungen mit dem Beauftragten des Verkäufers, des Fürsten Nikolaus Esterhazy, werden sorgfältig, geheim und im direkten Auftrag des Kaisers geführt.

1813 wird das Wohngebäude mit den darin vorhandenen Einrichtungsgegenständen sowie dem dazugehörigen Stallgebäude um 65.000 Gulden erworben.

Ein Handschreiben des Kaisers (s. Seiten 18 und 19), der Kaufvertrag und das Inventarium veranschaulichen die dabei geübte Sorgfalt und Umsicht und die rege Anteilnahme des Monarchen.

Abschrift des Kaufvertrages Stpl. 100 f.

Heut zu Ende gesetzten Tag und Jahre ist zwischen dem Herrn Hofkammerpräsidenten Grafen von Wallis Exzellenz im Namen Se.k.k.apost.Majestät an einem, dann dem Herrn Staats- und Konferenz Minister Grafen von Zichy Exzellenz als General Bevollmächtigten des Herrn Niklas Fürsten Esterhazy am anderen Theile nachfolgender Hauskauf- und Verkaufskontrakt mit Vorbehalt der allerhöchsten Genehmigung geschloßen worden.

Erstens. Verkauft erwähnter Herr Bevollmächtigter des Herrn Fürsten Esterhazy das in der landesfürstlichen Stadt Baden auf dem Hauptplatze liegende, mit Nr. 20 bezeichnete, vormal den P.P. Augustinern, nunmehr dem k.k. Staatsgüter Administrazions Grundbuche dienstbare Haus, an welches der Herr Niklas Fürst Esterhazy beigewähret war, nicht nur mit allem, was niet- und nagelfest ist, und mit allen Rechten und Gerechtigkeiten, wie solches der ersterwähnte Herr Fürst bis nun besessen hat, oder von Rechts wegen hätte besitzen und benützen können; sondern auch mit allen darin laut übergebenem Inventarium Nr. 1 sich befindenden Meublen Sr. Majestät zu Ihrem höchst eigenen Gebrauche um einen bestimmten Betrag von fünf und sechzig tausend Gulden W.W.

Zweitens. Wird von diesem bedungenen Kaufschillinge die Hälfte mit 32 500 f. gleich bei der Übergabe des Hauses dem Herrn Bevollmächtigten abgeführet, die andere Hälfte aber in sechs Monaten darauf; jedoch ohne Verzinsung, und mit dem Vorbehalte entrichtet werden, daß von der in sechs Monaten zu entrichtenden zweiten Hälfte des Kaufschillings, der dem Herrn Fürsten Esterhazy am 22. Junius $\overline{809}$ vermöge der eingelegten Schuldverschreibung geleistete Vorschuß von 15 015 f. W.W. samt den zu berechnenden rückständigen Interessen

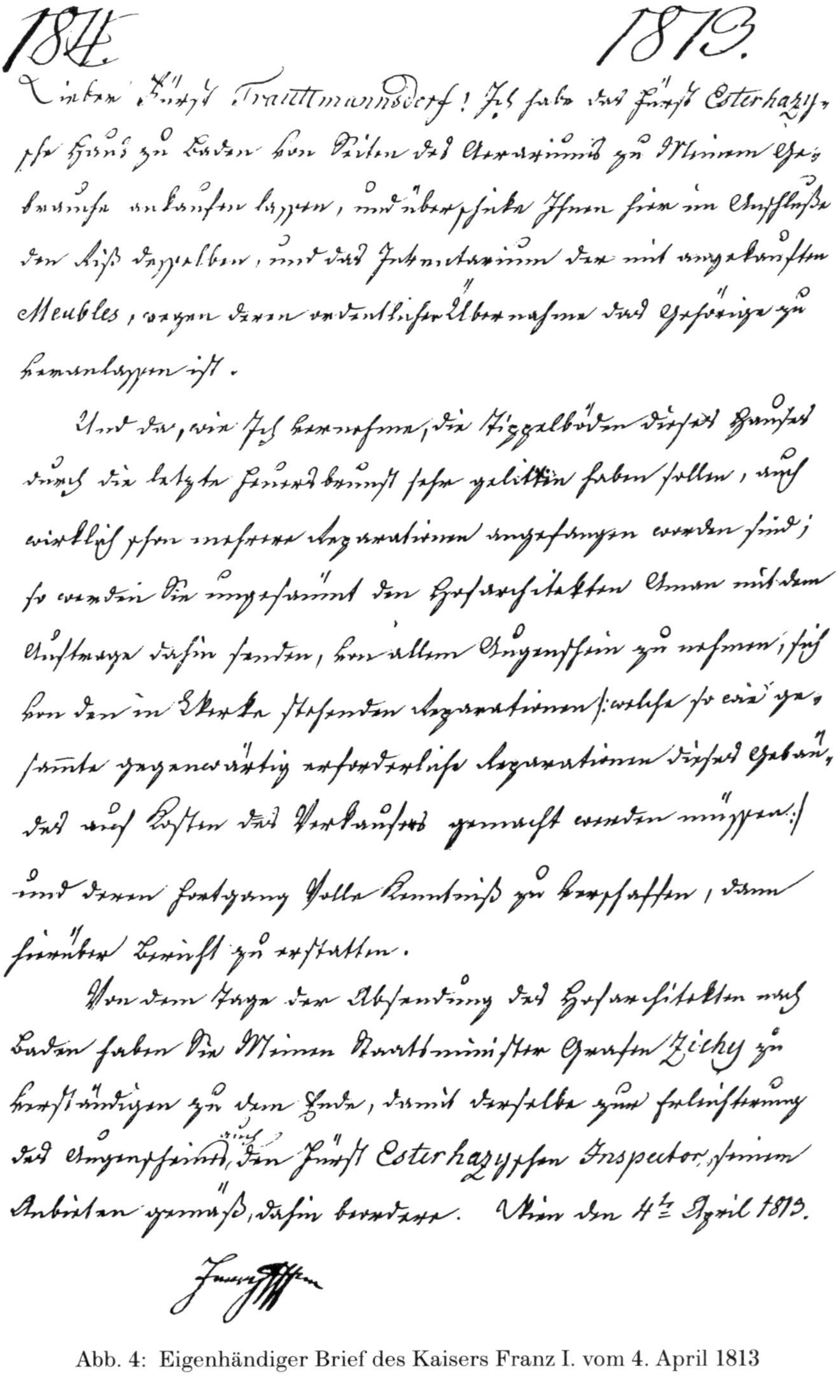

1814. 1813.

Lieber Fürst Trauttmannsdorf! Ich habe das Fürst Esterhazy-sche Haus zu Baden von Seiten des Aerariums zu Meinem Gebrauche ankaufen lassen, und überschicke Ihnen hier im Anschlusse den Kauf desselben, und das Inventarium der mit angekauften Meubles, wegen deren ordentlicher Übernahme das Gehörige zu veranlassen ist.

Und da, wie Ich vernehme, die Ziegelböden dieses Hauses durch die letzte Feuersbrunst sehr gelitten haben sollen, auch wirklich schon mehrere Reparationen angefangen worden sind; so werden Sie ungesäumt den Hofarchitekten Aman mit dem Auftrage dahin senden, von allem Augenschein zu nehmen, sich von den in Werke stehenden Reparationen (welche so wie gesammte gegenwärtig erforderliche Reparationen dieses Gebäudes, das auf Kosten des Verkäufers gemacht werden müssen.) und deren Fortgang volle Kenntniß zu verschaffen, dann hierüber Bericht zu erstatten.

Von dem Tage der Absendung des Hofarchitekten nach Baden haben Sie Meinen Staatsminister Grafen Zichy zu verständigen zu dem Ende, damit derselbe zur Erleichterung des Augenscheins auch den Fürst Esterhazyschen Inspector, seinem Anbieten gemäß, dahin beordere. Wien den 4ten April 1813.

Franz

Abb. 4: Eigenhändiger Brief des Kaisers Franz I. vom 4. April 1813

Lieber Fürst Trauttmannsdorf! Ich habe das Fürst Esterhazysche Haus zu Baden von Seiten des Aerariums zu Meinem Gebrauche ankaufen lassen, und überschicke Ihnen hier im Anschluße den Riß desselben, und das Inventarium der mit angekauften Meubles, wegen deren ordentlicher Übernahme das Gehörige zu veranlassen ist.

Und da, wie Ich vernehme, die Tippelböden dieses Hauses durch die letzte Feuersbrunst sehr gelitten haben sollen, auch wirklich schon mehrere Reparationen angefangen worden sind; so werden Sie ungesäumt den Hofarchitekten Aman mit dem Auftrage dahin senden, von allem Augenschein zu nehmen; sich von den in Werke stehenden Reparationen /: welche so wie gesamte gegenwärtig erforderliche Reparationen dieses Gebäudes auf Kosten des Verkaufes gemacht werden müssen :/ und deren Fortgang volle Kenntnis zu verschaffen, dann hierüber Bericht zu erstatten.

Von dem Tage der Absendung des Hofarchitekten nach Baden haben Sie Meinen Staatsminister Grafen Zichy zu verständigen zu dem Ende, damit derselbe zur Erleichterung des Augenscheines auch den Fürst Esterhazyschen Inspector, seinem Anbieten gemäß, dahin beordere. Wien, d(at)u(m) 4ten April 1813.

Franz m.p(ro)pria

(Text des Briefes von Seite 18)

abgezogen werden solle. Übrigens versteht es sich von selbst, daß nach dem durch Abzug vollständig berichtigten Betrage von 15 015 f. samt Interessen die eingelegte Schuldverschreibung dem Herrn Bevollmächtigten gegen Ausstellung eines gehörigen Empfangsscheines und Quittung werde ausgehändigt werden.

Drittens. Übergibt oftbemeldter Herr Bevollmächtigte das fürstl. Esterhazysche Haus ganz frei von allen grundbücherlich vorgemerkten oder pränotierten Schulden, und etwa noch schuldigen Steuer-Rückständen; wohingegen das höchste Ärarium die Bezahlung der kurrenten landesfürstl. Steuern vom Tage der Übergabe des Hauses übernehmen wird.

Viertens. Verbindet sich der Herr Bevollmächtigte, sämtliche erforderliche Reparazionen sowohl in dem Hause selbst, als auch in dem Stallgebäude in der bestimmten Zeitfrist von sechs Wochen gehörig zu Stande bringen, und das Haus vollkommen herstellen zu lassen. Dagegen übernimmt das höchste Ärarium die Bezahlung der diesfälligen Reparazionskosten im vereinten Betrage von viertausenddreihundertsechzehn Gulden 25 Kreuzer welche Summe bei der Unterfertigung des Kontraktes erlegt werden wird.

Fünftens. Verbindet sich der Fürst Esterhazy'sche Herr Bevollmächtigte, im Falle entweder das ganze fürstl. Esterhazysche Haus oder nur ein Theil desselben von einem Dritten angesprochen, oder ein wie immer geartetes Recht auf dasselbe in der Folge der Zeit geltend gemacht werden sollte; deswegen die Vertretung, Evikzion und Schadloshaltung dem höchsten Ärarium zu leisten.

Sechstens. Verpflichtet sich der Herr Bevollmächtigte bei Unterfertigung dieses Kontraktes die nöthige förmliche Aufsandung nebst der alten Gewähr auszuhändigen, damit der Herr Niklas Fürst Esterhazy als vormaliger Besitzer bei dem Grundbuche ab- und das höchste Ärarium als dermaliger Eigenthümer an dasselbe angeschrieben werden könne.

Siebentens. Ist festgesetzt worden, daß die Kontrakts-Einverleibungs-Gewähr- und sonstigen Grundbuchsgebühren von beiden Theilen gemeinschaftlich und im gleichen Verhältniße getragen werden sollen.

Zu wahrer Bestätigung dessen sind von dem gegenwärtigen Kontrakte zwei gleichlautende Urschriften errichtet, von beiden kontrahierenden Theilen und ihren Zeugen gefertigt, und einem jeden Theile eine Urschrift von demselben ausgehändigt worden.

Wien, d(at)u(m) 7. April 1813

L.S. Joseph Graf v.Wallis m/p.
Hofkammerpräsident
im Namen des allerh. Ärariums

L.S. Klaudius Guljad m/p.
k.k. Hofrath.

L.S. Karl Graf v.Zichy m/p.
als fürstl. Esterhazyscher
Generalbevollmächtigter.

L.S. Karl v. Joël m/p.
der Rechte Doktor
Hof u. Gerichtsadvokat
als ersuchter Zeuge.[2]

Abb. 5: Geldschein aus 1811

Der in Originalgröße abgebildete Geldschein aus dem Jahre 1811 ist links deutsch und ungarisch, rechts tschechisch und polnisch beschriftet. Die Unterschrift stammt von Rudolph Graf Wrbna (1761–1823).

In dieser Zeit ergeben 4 Pfennige einen Kreuzer und 60 Kreuzer einen Gulden. Zum Vergleich: Im April 1813, als das Kaiserhaus um 65.000 Gulden W.W. angekauft wird, beträgt der amtliche Preis für 1 Pfund (= 56 dkg) Roggenbrot: 2,27 Wiener Kreuzer[3].

184. 1813.

Inventarium

über die im Hochfürstl. Esterhazyschen Hause zu Baaden befindlichen Mobilien und Einrichtungsstücke Anno 1810.

Im 1.ten Stocke
Hauptstiege links

2 Bettstädte von weichem Holze, worinn
2 Strohsäke
2 Matratzen
2 Zwerch- und
2 Kopfpölster dann
2 Decken sind
1 eiserne Stange mit einem grünen Vorhang von Leinwand
1 eingelegter Schubladkasten
4 Rohrsessel
1 Tisch vom Kirschbaumholz
1 Bettkastel von Eichenholz
1 Spucktrücherl.

2.tes Zim̃er
1 Bettstadt von weichem Holze, worinn
1 Strohsak
1 Matratze
1 Zwerg- und
1 Kopfpolster, dann eine
1 Decke
1 angestrichenes Canapée mit Matratzen, und
5 Pölster von gestreiften seidenen Gradel
4 Sessel, und
2 Armlehnsessel mit Sitzpölstern von Kotton
1 Bettkastel von Kirschbaum, mit einer steinernen Platte
1 Toilettisch vom Kirschbaumholz, mit schwarzen Frieseln, worinn
1 Spiegl
1 Schubladkasten braun gespritzt
1 Tisch mit 4 Schubladen.

Rechter Hand
Im Vorzimmer

1 Canapée Bett, grau angestrichen
1 Schubladkasten von Eich. Holz

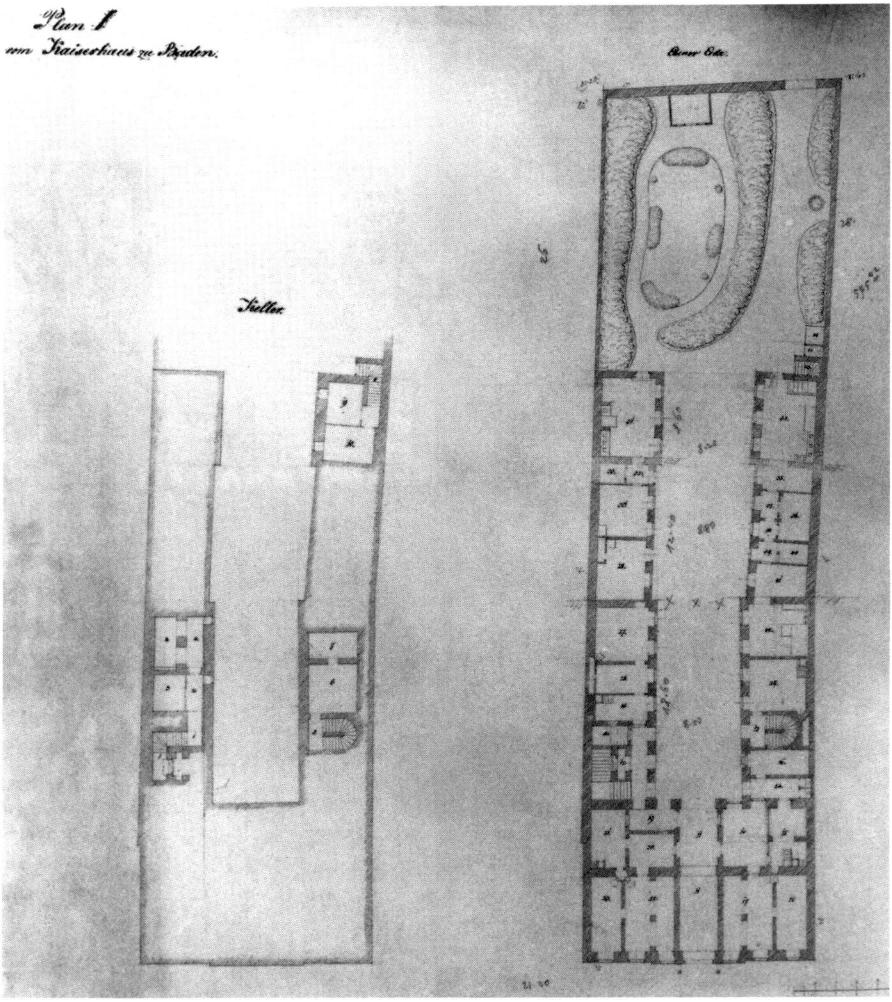

Abb. 6a: Grundrissplan des Kaiserhauses zu Baden, Keller und Erdgeschoß

2 Stocksessel
5 Rohrsesseln
1 Bettstadt, worin
1 Strohsak
1 Matratze
1 Zwergpolster und
1 Kopfpolster, dann
1 Decke
1 hoher weicher Kasten mit 4 Thüren
1 Kleiderstelle

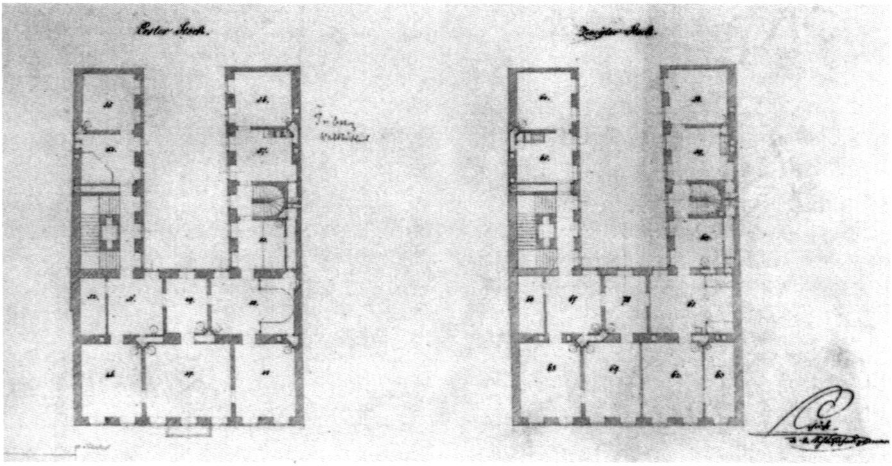

Abb. 6b: Grundrissplan des Kaiserhauses zu Baden, 1. und 2. Stock

1 weicher Tisch mit 1 Schublade
1 Hänglaterne auf 2 Lichter
1 Waschbecken
1 conisch. Tisch
1 Kleiderstock
1 kupf. Kühlwandl

Billard Zim̄er

12 Sessel vom Mahagony Holz mit mess. Leisteln,
die Sitzpolster vom grünen Seid. Zeug
1 Tisch vom Kirschbaumholz zum zusammenlegen
1 Trumeau Spiegel in 2 Theilen
1 Luster mit Glasperlen auf 8 Lichter
2 Spucktrücherln von rotheiben H.
1 lackierter Trumeau Tisch, das Platt marmorartig gemahlt.

Es folgen die Inventarlisten für das **Speisezimmer**, in dem sich u. a. „1 nußbaumenes Forte piano und 1 Spieltisch zum Zusammenlegen“ befindet, für das reichlich ausgestattete **Tagzimmer**, von dessen Einrichtung „1 mahonener Schreibtisch für 2 Personen“ Beachtung verdient und das auch über „1 Kamin von graulichtem Marmor“ verfügt.

Für das **Schlafzimmer** ist „1 Hirschledernes Bettuch, aus 4 Häuten“ und „1 nußbaum. Bußschäm̄el mit leder überzogen“, ausgewiesen.

Im **Toilet Zim̄er** befinden sich vorwiegend Spiegel und Kästen.

Die weiteren Räume sind – ausgenommen das **„1.te Kam̄erfrauen Zim̄er“** und das Zimmer für das **„Stubenmädchen“** – hinsichtlich ihrer Verwendung nicht mehr näher bezeichnet.

Im **zweiten Stock** befindet sich jedoch eine **Küche** und ein **„Kuchelzimmer"**.

Zu ebener Erde ist eine offensichtlich größere **Küche** und die **„Zuckerbäckerey"** mit zahlreichen Requisiten untergebracht.

Außer einem **Koch-Zimmer**, einem **Bedienten-Zimmer** und einem **Hausknecht-Zimmer** mit jeweils mehreren Schlafgelegenheiten gibt es noch die **Pflegers-Wohnung**.

Fast in jedem Raum befinden sich „Bettstädte", auch in der Küche und in der Zuckerbäckerei.

Die größte Anzahl, nämlich „8 weiche Bettstädte", gehört zum Inventar des **Stallgebäudes**. [4]

Aus der räumlichen Beengtheit ergibt sich die Notwendigkeit zur Unterbringung möglichst vieler Personen und die gedrängte Ausstattung mit möglichst vielen Kästen, Schränken und Betten.

Maria Ludovica (1787–1816), die dritte Gemahlin des Kaisers, mit der er seit 1808 verheiratet ist, hält das Gebäude für gänzlich ungeeignet und bringt dies in einem Brief an ihn am 11. Juni 1813 sehr deutlich zum Ausdruck:

> ... „aber dieses Haus enthält keine der Erfördernissen zur Unterbringung eines Hofs; kein Zimmer für Kamerleute, kein Herd anzubringen; nirgends kein Bedienten Zimmer; für dich zwey winzige Zimmer an welchen der Bedienten Saal anstosst, folglich jede Sylbe gehört wird, während man von allen Seiten in die Zimmer blickt." (...)

Die Meinung Maria Ludovicas teilt Franz I. nicht, seinen Ansprüchen wird das neu erworbene Haus gerecht[5].

Interessant ist in diesem Zusammenhang, dass mehr als hundert Jahre später in den Erinnerungen der letzten Kaiserin Zita der Ausdruck „Gedrängtheit" als Stichwort für dieses Gebäude wieder auftaucht.

Das Appartement des Kaiserpaares befindet sich im ersten Stock des Gebäudes mitten in der Stadt, der freie Ausblick auf Bäume und umliegende Hügel ist demnach nicht gegeben[6].

Diesen Unzulänglichkeiten stehen jedoch auch Vorteile gegenüber. Die elegante und bequeme Badeanstalt des sogenannten „Frauenbades" ist nur wenige Schritte entfernt.

Für Ausflüge in die Natur bietet sich das romantische und weithin gerühmte Helenental an und schließlich steht der kaiserlichen Familie noch das nahe gelegene Schloss Laxenburg mit dem großen Park zur Verfügung.

1826 wird der große Gebäudekomplex auf dem Areal des ehemaligen Augustinerklosters (Wassergasse 2–4 und Frauengasse 3–5) zugekauft und dient mit der wiedererrichteten Kirche dem Bedarf des Hofes.

Abb. 7a: 2 Sessel aus der Joseph Danhauser'schen Möbelfabrik, Wien, um 1825/30, versehen mit der Inv. Nr. B 4117

Abb. 7b: Stockuhr aus schwarz poliertem Holz mit vier kanellierten Säulen und Perlmutter-Auflagen im Gebälk, versehen mit der Inv. Nr. B 4072.

6. Instandsetzungen

Die Übernahme des Hauses und der dazu gehörigen Lokalitäten und Mobilien wird mit Datum vom 10. Mai 1813 bestätigt. Mit übernommen wird auch der bisherige fürstl. Esterhazysche Hauspfleger, der unter Belassung seines Quartiers die neue Funktionsbezeichnung „Aufseher des Kaiserhauses in Baaden“ erhält.

Im Auftrag des Kaisers ist ein „bedeutendes Herabfallen der im ganzen angeschlagenen Summe“ zu erwirken und sind einige Instandsetzungen noch auf den Verkäufer zu überwälzen, wie die Kosten „für den zu reparierenden Brunnen in dem mit Bäumen bepflanzten Hofe“ und die „Herstellung der Öfen als ein zum Hause gehöriger Gegenstand“.

Von einigen unumgänglich notwendigen Ausgaben muss der sprichwörtlich sparsame Monarch erst überzeugt werden:

„Die Anstreicherarbeit wäre allerdings vorzunehmen, (...) da es unschicksam wäre, Eure Majestät dieses Haus in dem gegenwärtigen Zustande bewohnen zu lassen, indessen alle angränzenden Häuser in Bäden gänzlich renoviert sind.“

Und weiter:

„Die Pflasterung der Haupteinfahrt mit Stöckelpflaster wäre allerdings vorzunehmen.“[1]

Erzielte Einsparungen gelten offenbar als verdienstvoll und werden in den Berichten stets deutlich formuliert.

Der Vorschlag des Hofarchitekten Johann Aman (1765–1834) vom Mai 1813, das erwärmte Schwefelwasser aus dem nahe gelegenen Frauenbad „durch bleyerne Röhren in das Gebäude Seiner Majestät zu leiten“ und für ihn ein „Hausbaad“ zu errichten, wird nicht angenommen[2].

Die Instandsetzungen an und in dem Gebäude – einschließlich der Möbel – halten sich nach den Unterlagen vorerst in engsten Grenzen.

7. Triumphbögen und Jubel

Abgesehen von einigen wenigen Ausnahmen sind von 1814 bis 1834 regelmäßige Sommeraufenthalte des Kaisers in Baden nachweisbar.

Mit den zu Ende gehenden Napoleonischen Kriegen beginnt jene Epoche, die als „Glanzzeit Badens" gilt.

In demselben Zeitraum erreicht die Kultur des Biedermeier ihre Hochblüte.

1813 hatte sich die Habsburgermonarchie – in Fortsetzung der seit 1792 beharrlich gegen Frankreich geführten Kriege – abermals einer Koalition mit Russland, Preußen, Schweden und England gegen Napoleon (1769–1821) angeschlossen.

Nach einer Reihe von Gefechten war die Entscheidung zwischen 16. und 19. Oktober 1813 in der „Völkerschlacht" bei Leipzig gefallen.

Ende März 1814 waren die Alliierten in Paris eingezogen und Napoleon hatte abgedankt.

Nachdem in Wien am 16. Juni 1814 die siegreiche Rückkehr von Kaiser Franz aus Paris mit einem festlichen Einzug begangen wurde, trifft auch Baden Vorbereitungen für einen außergewöhnlichen Empfang des Kaisers und der Kaiserin am 27. Juni 1814.

An der Seite von Kaiser Franz ist seine Gemahlin Maria Ludovica. Sie übt als fanatische Gegnerin Napoleons einen nicht unbeträchtlichen Einfluss aus[1] und setzt all ihr Wollen und ihre Kräfte zu seiner Unschädlichmachung ein[2].

Im Zentrum der Stadt wird eine reichgeschmückte Triumphpforte erbaut. Desgleichen errichten die Weinhauer einen blumengeschmückten Bogen aus Tannenreisig. Als die Majestäten unter dem Krachen der Pöller und dem Geläute aller Glocken abends in Baden eintreffen, stehen junge Mädchen Spalier und streuen dem Kaiserpaar Blumen auf den Weg.

Danach wird der Magistrat in das kaiserliche Gebäude am Hauptplatz „zur Bewillkommungs-Audienz vorgelassen" und Bürgermeister Mayer hält eine Rede:

„Eure Majestät! Nach langer Trennung ist uns endlich das unnennbare Glück vom Himmel beschieden, Eure Majestät abermal in unserer Mitte zu sehen ..."

Nach zahlreichen Ausdrücken von Dank und Freude folgt der gezielte Hinweis auf die Thermalquellen, immerhin das wirtschaftliche Rückgrat der Stadt:

... „Möge der Genuß unserer warmen Quellen Eurer Majestät ersprießlich und heilsam sein, und nicht nur die Gesundheit, sondern auch das, jedem Österreicher so heilige Leben unseres allgütigen Landesvaters noch lange und dauerhaft erhalten." ...

Eine sensationelle Form der Huldigung stammt von dem Fabrikanten Ritter von Schönfeld. Er lässt auf eigene Kosten im Helenental eine Nachbildung des römischen Titusbogens mit der Aufschrift:

Dem Retter Europens. Franz I.
MDCCCXIV

errichten.

Triumphpforte,

welche der Herr von Schönfeld auf seinem Landsitze im Helenenthale bey Baden, zum feyerlichen Empfang unsers allgeliebten Kaisers Franz I. nach dem siegreich erkämpften Frieden im Jahre 1814, erbauen ließ.

Abb. 8: Triumphpforte im Helenental

Als am 30. Juni nachmittags das Kaiserpaar in Begleitung sämtlicher Erzherzoge durch den Triumphbogen fährt, schlagen die Wogen der Begeisterung nochmals hoch[3].

Zeichnet sich der Empfang des Kaiserpaares im Jahre 1814 durch besonders aufwendigen Prunk aus, so ist seine Ankunft in Baden im Jahre 1827, als der Kaiser von ernster Erkrankung wieder genesen ist, Anlass für Jubel und Freude, eine festliche Stadtbeleuchtung und wohltätige Spenden für die Armen.

Die Wiener Zeitung, ein Instrument und Beispiel monarchisch-patriotischer Berichterstattung und stetiges Propagandamittel, berichtet über die Ankunft der Majestäten vom 30. Juni 1827:

... „Unter Glockengeläute und Lösung der Pöller, begrüßt vom Jubelrufe einer zahllosen Volksmenge, zogen der gütigste Landesvater und die teuerste Landesmutter in unsere beglückten Mauern ein. (...)

Abends geruhten Ihre k.k.Majestäten in Begleitung des Erzherzogs Kronprinzen, die Beleuchtung der Stadt und Vorstadt zu besehen ...“[4]

Kaiser Franz ist 1827 bereits zum vieren Mal verheiratet. Nach dem Tod der willensstarken, aber gesundheitlich schwachen Maria Ludovica hatte er sich mit der um 24 Jahre jüngeren Charlotte von Bayern (1792–1873) vermählt, die sich als Kaiserin Carolina Augusta nennt. Ihre ausgeprägte Frömmigkeit bewirkt eine Annäherung des Monarchen an Rom.

Im übrigen trägt das schlichte, hausmütterliche Wesen und die Wohltätigkeit von Carolina Augusta nicht wenig zur Beliebtheit des Wiener Hofes bei[5].

8. Der Badener Kongress

Als Sommersitz des Kaisers und des bedeutenden Staatsmannes Clemens Lothar Wenzel Fürst von Metternich (1773–1859), der sich als Vertrauter und Ratgeber des Monarchen regelmäßig dort aufhält, genießt Baden hohes Ansehen.

Die Anwesenheit des Wiener Hofes und die wohltuende Wirkung der Badener Thermen bringt einen regen Zustrom von Aristokraten, wohlhabenden Bürgern, Künstlern aus allen Bereichen und anderen bedeutenden Persönlichkeiten.

In diesem Sinne ist es nicht erstaunlich, dass zahlreiche Vorbereitungen für das große politische Ereignis des Wiener Kongresses in Baden getroffen und ausgehandelt werden.

Kaiser Franz ernennt Metternich zum Präsidenten der großen internationalen Friedenskonferenz und dieser bestimmt den Beamten der Staatskanzlei Friedrich von Gentz (1764–1832) zum Protokollführer des Kongresses[1].

Der Wiener Kongress beginnt offiziell am 1. November 1814 und schließt mit der letzten Sitzung am 9. Juni 1815.

Die bevollmächtigten Teilnehmer treffen bereits ab Anfang September in Wien ein und widmen sich politischen Verhandlungen und dem vom Wiener Hof veranstalteten glänzenden gesellschaftlichen Rahmenprogramm[2].

Friedrich von Gentz' Tagebücher und Briefe der Sommermonate des Jahres 1814 sind zum größten Teil in Baden abgefasst und geben uns eine Vorstellung vom Lebensstil des geistreichen Staatsdieners, Publizisten, Agenten und Genussmenschen und seines gesellschaftlichen Umfeldes.

Er logiert im Schloss Gutenbrunn, gebraucht regelmäßig die Bäder, speist mit dem Fürsten Metternich und der in Baden anwesenden Prominenz und nimmt im engsten Kreis an Kartenpartien teil, die meist bis 1 Uhr früh dauern.

Die intensiven Vorbereitungen für das große Werk der Befriedung und Neuordnung Europas erfordern ein oftmaliges Hin- und Herreisen zwischen Baden und Wien.

In der Kurstadt werden Metternich und Gentz von Bevollmächtigten und Diplomaten besucht, wie dem Botschafter des Hl. Stuhl, Kardinal Ercole Marchese Consalvi (1757–1824), Wilhelm von Humboldt (1767–1835), preußischer Gesandter beim Kongress, dem österreichischen Diplomaten Alois Wenzel Fürst Kaunitz (1774–1848), dem Finanzminister Philipp Graf Stadion (1763–1824); von Generälen, wie Karl Fürst Schwarzenberg (1771–1820), Oberbefehlshaber der Verbündeten, Wenzel Fürst Liechtenstein (1767–1842), Generaladjutant Schwarzenbergs, und Hieronymus Graf Colloredo (1775–1822), österreichischer Feldzeugmeister[3].

Da die ausländischen Minister nicht nach Baden kommen wollen, endet für Gentz der Aufenthalt und seine Tätigkeit in einem Netzwerk aus politischen, gesellschaftlichen und galanten Beziehungen am 17. September 1814.

Den letzten kurzen Aufenthalt in Baden verbringt Gentz mit seiner letzten Geliebten, der Tänzerin Fanny Elßler im Jahre 1831[4].

Der Wiener Kongress legt die politische und territoriale Neuordnung Europas fest und endet mit der Paraphierung der Kongressakte am 9. Juni 1815.

Er leitet eine für Europa segensreiche Friedensperiode ein.

Der Restaurationsversuch Napoleons, der mit seiner Niederlage in der Schlacht von Waterloo am 18. Juni 1815 und mit der Deportation des Kaisers der Franzosen auf die Atlantikinsel St. Helena endet, bleibt lediglich ein Intermezzo und kann das Rad der Geschichte nicht mehr zurückdrehen[5].

9. Die Kultur des Biedermeier

Der Zeitraum zwischen 1815, dem Ende des Wiener Kongresses, und 1848, dem Revolutionsjahr, wird allgemein mit dem Begriff Biedermeier verbunden.

Der Name steht für häusliche Idylle, für Geborgenheit im Kreise der Familie und Freunde sowie für eine Gesellschaftsform, die ganz auf die bürgerlichen Werte der Bescheidenheit und Zurückhaltung abgestimmt ist.

Das zu Wohlstand und Ansehen gelangte Bürgertum findet sein Vorbild in der kaiserlichen Familie, die jede demonstrative Prunkentfaltung vermeidet.

Eine strenge Zensur und ein ausgeklügeltes Spitzelwesen mit den Merkmalen eines „Polizeistaates“ überwacht alle Bereiche des Lebens, so dass man sich auch deshalb in die Privatheit der Wohnung zurückzieht.

Die Wohnung als Mittelpunkt des Lebens erfährt eine sorgfältige, künstlerisch hochwertige Ausstattung. Bilder – besonders Porträts, Blumen- und Landschaftsbilder –, edle Gläser, bemaltes Porzellan, Zier- und Gebrauchsgegenstände aus Silber, kostbare, farbenfrohe Möbelstoffe und Teppiche und nicht zuletzt die bekannten und heute noch begehrten Biedermeiermöbel bezeugen einen Höhepunkt des künstlerischen und handwerklichen Schaffens.

Biedermeiermöbel, aus Mahagoni-, Ahorn-, Roteiben-, Buchsbaum-, Kirschen- oder Nussholz gefertigt, bestechen durch klare, elegante Linienführung und großen Formenreichtum.

Sie finden auch im Kaiserhaus in Baden Verwendung.

Nachgewiesene Restbestände aus dem Badener Inventarium sind zwar noch vorhanden, befinden sich jedoch nicht mehr in dem Gebäude.

Der wirtschaftlich erfolgreiche ärarische Betrieb der Wiener Porzellanmanufaktur wird mit seinen Spitzenprodukten höchsten Ansprüchen gerecht und beliefert den Kaiserhof, beginnend vom Prunkservice bis zum Gebrauchsporzellan.

Für Dekorationsstücke sind Blumen, Landschaftsstücke und Porträts bevorzugte Motive.

Sie finden bei den Wohlhabenden als Geschenke oder als Schaustücke in Vitrinen Verwendung.

Aus dem kaiserlichen Gebrauchsporzellan sind einige Stücke mit aufgemalter verschiedenfarbiger Kaiserkrone erhalten.

Die Stücke mit goldener und gelber Krone stehen in Baden im Gebrauch, jene mit grüner Krone in Schönbrunn und mit roter Krone in Laxenburg[1].

Höchstes handwerkliches Können und künstlerischer Geschmack verbindet sich in weiteren Spitzenprodukten der Biedermeierzeit, nämlich den Wiener Uhren.

Die hohe Qualität findet in der präzisen und langen Gangdauer (bis zu einem Jahr), in der ansprechenden Gestaltung des Zifferblattes und dem geschmackvollen, individuell gestalteten Gehäuse ihren Niederschlag.

Dekoratives Beiwerk machen die in Wien gefertigten Zeitmesser zu einem begehrten Prestigeobjekt für biedermeierliche Wohn- und Repräsentationsräume und zu einem erfolgreichen Exportartikel[2].

Abb. 9: 3 Porträtschalen mit 2 Untertassen der Porzellanmanufaktur Wien, um 1823/33

Kronprinz Ferdinand	Kaiser Franz I.	Maria Anna
(1793–1875)		(1803–1884)
reg. 1835–1848		Gemahlin Ferdinands

Als Besonderheit schlagen die Wiener Uhren nicht nur zur vollen Stunde, sondern schlagen die Viertelstunden zur Stunde noch dazu[3].

Fallweise eingebaute Spielwerke verbreiten zusätzlichen Wohlklang.

Bei Bilderuhren, meist eingebettet in Landschaftsszenen, tritt der eigentliche Zweck bereits in den Hintergrund.

Im Uhrenmuseuem der Stadt Wien befindet sich eine Bilderuhr mit den beherrschenden Motiven des Helenentales und der Ruine Rauhenstein, im Badener Rollettmusuem eine mit der Darstellung des Attentates auf Kronprinz Ferdinand.

Aus dem kaiserlichen Haushalt in Baden konnten lediglich zwei verhältnismäßig schlichte Stockuhren sicher nachgewiesen werden, doch ist anzunehmen, dass sich dort noch weitere Zeitmesser befanden.

In der Malerei ergibt sich die für Baden glückliche Entdeckung der Natur und der Landschaft des Wienerwaldes.

Das Helenental ist ein beliebtes und immer wiederkehrendes Motiv. In unzähligen Veduten halten Maler und Graphiker das Leben in der Stadt und ihrer Umgebung fest[4].

Als Beispiel möge das 1830 entstandene Bild „Der Hauptplatz in Baden" von Eduard Gurk (1801–1841) dienen.

Abb. 10: Eduard Gurk, Der Hauptplatz in Baden, 1830
Der Monarch blickt vom 1. Stock des „Kaiserhauses“ auf den Platz

Der Mythos der „gemütlichen Biedermeierzeit“ und des „guten Kaisers Franz“ findet hier eine malerische Darstellung. Der Monarch blickt vom ersten Stock des „Kaiserhauses“ hinunter auf den belebten Platz.

Für den Betrachter des Bildes ergeben sich zusätzliche Informationen über die damals aktuelle Damen- und Herrenmode. Die weibliche „Wespentaille“ wird durch Anwendung des Schnürmieders erzielt. Auffällige Begleiter der Damenmode sind große Schals und als Kopfbedeckung die „Schute“, ein Mittelding zwischen Hut und Haube, die das Gesicht vorteilhaft umrahmt.

Der dunkle Gehrock, die helle lange Hose und der Zylinder als Kopfbedeckung und Kennzeichen des biederen Bürgers bilden die einheitliche Tageskleidung für den Herrn.

Wichtigstes Kleidungsstück für den Herrn der Biedermeierzeit ist die Weste. Weste und Halsbinde drücken den individuellen Geschmack des Trägers aus[5].

Der Sucht nach Geschwindigkeit sind in der Biedermeierzeit noch enge Grenzen gesetzt: die Pferdekutsche legt in der Stunde zwischen acht und elf Kilometer zurück.

Die Menschen wirken entspannt und gelassen.

1917 und 1918 wird auf demselben Platz Militär stramm stehen.

Begünstigt vom allgemeinen wirtschaftlichen Aufschwung nach dem Ende der Napoleonischen Kriege und der Nähe zu Wien wird die Stadt zum Anziehungspunkt für Künstler in Architektur und Bildhauerei, Literatur und Musik.

Joseph Kornhäusel (1782–1860), der bedeutendste Wiener Vertreter der zeitgenössischen Architektur, errichtet in Baden am Eingang des Helenentales von 1820 bis 1823 sein Hauptwerk, die (heute nicht mehr bestehende) Weilburg, in bewährter Zusammenarbeit mit dem Bildhauer Joseph Klieber (1773–1850).

1818 kommt Franz Grillparzer (1791–1872) erstmals nach Baden. Dem ersten Aufenthalt folgen ab 1848 noch sechzehn weitere[6].

Ludwig van Beethoven (1770–1827) hält sich zwischen 1804 und 1825 rund fünfzehn Mal in Baden auf.

Ein berührendes Zeugnis seiner früh beginnenden Schwerhörigkeit, die mit Taubheit endet, ist das von ihm verwendete Hörrohr mit einer Gesamtlänge von 47 cm (!). Der größte Durchmesser des Trichters beträgt 11,5 cm. Es ist aus Pappe gefertigt und mit schwarzem Leder überzogen.

Der Komponist benützt verschiedene Quartiere und wohnt 1821, 1822 und 1823 im 1. Stock des Gebäudes Rathausgasse 10.

Das dort untergebrachte Beethoven-Museum und eine Gedenktafel erinnern an den berühmten Besucher der Stadt:

In diesem Hause wohnte
LUDWIG VAN BEETHOVEN in
den Sommermonaten der Jahre 1821, 1822, 1823,
und in letzterem Jahre entwarf er hier den größten Teil
seiner NEUNTEN SYMPHONIE.

Zu den Gönnern und Freunden des Komponisten zählt Erzherzog Rudolph (1788–1831), der jüngste Bruder von Kaiser Franz, eine Beziehung, auf die noch zurückzukommen sein wird.

Dem Zug der Zeit entsprechend sind alle Schichten der Bevölkerung von echtem Musiziergeist erfüllt.

An der Spitze der Kaiser selbst, der als aktiver Kammermusiker eine umfassende Sammlung zeitgenössischer Musik besitzt[7].

Und dennoch – unter der glatten Oberfläche der scheinbar so idyllischen Biedermeierzeit entwickeln sich geistige, politische und soziale Strömungen, die parallel mit dem Arbeiterelend der beginnenden Industrialisierung und der Forderung des Bürgertums nach politischer Mitsprache im Revolutionsjahr 1848 gewaltsam zum Ausbruch kommen.

Mit Hilfe des Militärs werden die Aufstände im Habsburgerreich niedergeschlagen und Loslösungsbestrebungen einzelner Nationen eine klare Absage erteilt.

In der Folge entschließt sich die Staatsführung zu raschen und kraftvollen Reformen auf dem Gebiet der Verwaltung, der Justiz und des Bildungswesens.

Die Doppelbödigkeit der Biedermeierzeit bringt der Dichter Josef Weinheber (1892–1945) in einem kleinen Gedicht treffend zum Ausdruck:

BIEDERMEIER

Der Herr Vater okuliert
gelb- und rote Rosen.
Die Frau Mutter wischt gerührt
Staub von Spind und Dosen.

Tante stapft zum Schlummersitz
in die Laubenecke.
Um ihr Antlitz, grau und spitz,
flirren Sonnenflecke.

Jettchen träumt von ihrem Franz,
Franz von seiner Jette.
Und er schreibt ihr einen Kranz
zierlicher Sonette.

Abends in der Dunkelheit,
beim Staketenzaune,
ach, wie schnell vergeht die Zeit
zärtlichem Geraune.

Unterm Glassturz schlägt die Uhr
folgsam Stund um Stunden:
Zeit, von einer Nippfigur
neckisch überwunden.

Plötzlich wettert scharfe Luft
in den Trödelladen:
Spielerischer Traum verpufft
auf den Barrikaden.[8]

Abb. 11a: Hörrohr Ludwig van Beethovens, um 1815

Abb. 11b: Aus den Entwürfen zum Schlusssatz der 9. Symphonie, op. 125
(„Freude schöner Götterfunken“, „Alle Menschen werden Brüder“)

10. Erzherzog Carl und Erzherzog Anton Viktor

Mit der Errichtung der Weilburg erhält Baden eine neue Sehenswürdigkeit und ein zweites gesellschaftliches Zentrum.

Erzherzog Carl (1771–1847), ein jüngerer Bruder von Kaiser Franz I., der Napoleon 1809 in der Riesenschlacht von Aspern erstmals besiegt hatte und in der gesamten Monarchie hohes Ansehen genießt, erfreut sich als Bauherr und Bewohner der Weilburg bei der Badener Bevölkerung großer Beliebtheit. Der „Held von Aspern", wie er stets genannt wird, erhöht mit seiner Anwesenheit den Glanz der „kaiserlichen Sommerfrische".

Von 1801 bis 1804 bekleidet er die Würde eines Hochmeisters des Deutschen Ordens; seiner Stellung und seinem Prestige ist es zu verdanken, dass der Orden überhaupt erhalten bleibt. Sobald die Existenz dieses Ordens gesichert scheint, legt er die Führung in andere Hände[1].

Sein um acht Jahre jüngerer Bruder Erzherzog Anton Viktor (1779– 1835) übernimmt das Amt von ihm und übt es bis zu seinem Lebensende aus[2].

Er ist gleichfalls in Baden ansässig und hat sein Stadtpalais in der später nach ihm benannten Antonsgasse mit der Adresse Nr. 10–12. Das Gebäude, das aus einem Straßentrakt und einem Hoftrakt besteht, ist noch erhalten und wurde Wohnzwecken zugeführt.

Der kunstsinnige Erzherzog ist als bedeutender Förderer und Verschönerer Badens in Erinnerung. Er ist Erhalter vieler Anlagen an der Straße ins Helenental und Hersteller von Wegen zu den Ruinen Rauhenstein und Rauheneck. Die Ruinen selbst lässt er restaurieren.

Bei zahlreichen Feierlichkeiten und offiziellen Anlässen vertritt er seinen kaiserlichen Bruder. 1821 nimmt er die feierliche Grunsteinlegung für das neue Frauenbadgebäude vor.

In den Bädern gibt es weder eine Geschlechtertrennung noch eine Trennung nach Standesunterschieden. Lediglich die verschieden hohen Eintrittspreise bewirken eine gewisse Auswahl des Publikums.

Im 18. Jahrhundert setzt sich endlich die Anordnung durch, dass nur **bekleidet** gebadet werden darf.

Das Frauenbad gilt als Nobelbad, in dem bei Anwesenheit des Kaisers stets das erste Bad am frühen Morgen für ihn vorbehalten ist.

Die Gedenktafel zur Erinnerung an die Grundsteinlegung ist heute im Foyer des Gebäudes untergebracht:

ANTON. VICTOR. ARCHIDUX. AUSTRIAE. ORDINIS. EQUESTRIS. TEUTONICI. SUPREMUS. PRAEFECTUS. POSUIT. FUNDAMENTUM. HARUM. THERMARUM. VULGO DICTAE: Frauenbad und Neubad. DIE VII. MENSIS APRILIS: ANNO MDCCCXXI	Anton Victor, Erzherzog von Österreich Hochmeister des Deutschen Ritterordens hat den Grundstein dieses Bades gelegt, das im Volk Frauen- und Neubad genannt wird, am 7. Tag des Monats April im Jahr 1821

Martin Meyer Bürgermeister

Abb. 12a: Jean Baptiste Isabey,
Erzherzog Carl

Abb. 12b: David Weihs,
Erzherzog Anton Viktor

Abb. 12c: Deutscher Ritterorden. Hochmeister-Halskreuz

Sein Wohnviertel lässt der Erzherzog durch einen Abzugskanal sanieren[3] und veranlasst die Pflanzung von Alleen um die innere Stadt.

Sein Tod ist ein großer Verlust für Baden.

Das Leichenbegängnis und die Beisetzung in der Kapuziner-Hofkirche findet am 6. April 1835 statt.

Im Zeremoniellprotokoll findet sich dazu die folgende Anmerkung:

„Auf besondere Bitte erhielt der Bürgermeister von Baden /: da der Höchstverblichene ein vorzüglicher Gönner und Wohlthäter dieser Stadt war :/ die Erlaubniß, sich dem hiesigen Magistrat anzuschließen."[4]

Es ist Bürgermeister Johann Nepomuk Trost (1832–1866), Inhaber einer Apotheke im Hause Hauptplatz Nr. 2, der dem Erzherzog die letzte Ehre erweist.

11. Kardinal Fürsterzbischof Rudolph

Der jüngste Bruder von Kaiser Franz, Erzherzog Rudolph (1788–1831), ist seit frühester Jugend mit gesundheitlichen Problemen belastet und schlägt deshalb nicht die militärische, sondern die geistliche Laufbahn ein.

Er wird abwechselnd von epileptischen und gichtischen Anfällen geplagt.

Die 1829 verfasste Krankheitsgeschichte hält fest, dass ab dem 20. Lebensjahr epileptische Anfälle und Gichtanfälle in unterschiedlichen Zeitabständen auftreten. Es gibt freie Zeiträume von 30 bis 40 bis 70 Tagen, doch kommen auch 6 bis 8 Anfälle innerhalb von 24 bis 48 Stunden.

Im Juni 1828 befindet sich der Erzherzog wegen einer Entzündung des Gehirns in höchster Lebensgefahr,

„von der sich S.k.H. nach und nach so weit erholten, daß am 28. Juli 1828 die Reise von Kremsier nach Wien angetreten werden konnte.“[1]

Gerade noch rechtzeitig trifft er in Baden ein, um Napoleon Franz Joseph Karl (1811–1832) am 31. Juli in der Hofkirche das Sakrament der Firmung spenden zu können.

Er stammt aus der Ehe der ältesten Tochter des Kaisers, Erzherzogin Marie Louise (1791–1847), die 1810 aus politischen Gründen mit dem siegreichen Kaiser der Franzosen Napoleon I. Bonaparte (1769–1821) verheiratet worden war. Nach der Entmachtung Napoleons war ihm Marie Louise nicht ins Exil gefolgt und mit ihrem in Paris geborenen Sohn 1814 nach Wien zurückgekehrt. Auf Grund der Bestimmungen des Wiener Kongresses regiert sie als Herzogin von Parma, Piacenza und Guastalla und kehrt nur mehr besuchsweise in ihre Heimat zurück[2].

Der Sohn aus ihrer Ehe mit Napoleon verbleibt am Hof von Kaiser Franz.

Erzherzog Rudolph ist dem jungen Napoleoniden besonders zugetan.

Seit September 1819 bekleidet er die Würde eines Erzbischofs von Olmütz. Ein Porträt von Johann Baptist Lampi dem Jüngeren (1775–1837) zeigt ihn in vollem geistlichem Ornat.

Im Sommer 1828 trifft der Kaiser mit Gemahlin und Kronprinz Ferdinand (1793–1875) sowie dem Sohn Napoleons, der seit 1818 den Titel „Herzog von Reichstadt“ trägt, bereits am 28. Juni in Baden ein[3].

Nur wenige Tage später kommt Erzherzogin Marie Louise aus Parma in Baden an und schließlich ergänzen noch Erzherzog Franz Carl (1802–1878), der jüngere Sohn von Kaiser Franz, mit Gemahlin Erzherzogin Sophie (1805–1872) die habsburgische Familienréunion.

Die Firmung des Herzogs von Reichstadt findet am Donnerstag, dem 31. Juli 1828 statt.

„Um 11 Uhr ging in der Hofkirche zu Baden die Firmung S=r Durchlaucht des Herzogs von Reichstadt vor sich.

S=e k.k.Majestät geruhten, Pathenstelle zu vertreten.

S=e k.k. Hoheit und Eminenz der Hochwürdigste durchlauchtigste Erzherzog Rudolph nahm die feierliche Handlung vor.

Abb. 13: Johann Baptist Lampi der Jüngere
Erzherzog Rudolph

Abb. 14: Carl Bschor, Hofkirche Baden, 1827

(...)
Die Feierlichkeit ging ritualmäßig vor sich. Ein Hochamt machte den Beschluß."[4]

Hinter einem Spalier von Grenadieren besteht für das allgemeine Publikum die Möglichkeit, an der Zeremonie teilzunehmen.
Erzherzog Rudolph steht seit 1809 in engem Kontakt zu Beethoven.
Der Komponist bezieht von seinem hohen Freund und Gönner einen Rentenbeitrag und erteilt ihm Kompositionsunterricht[5].
Über alle gesellschaftlichen Schranken hinweg verbindet die beiden so unterschiedlichen Persönlichkeiten die Begeisterung für Musik, ein tiefes gegenseitiges Verständnis für die körperlichen Leiden des anderen und nicht zuletzt die Vorliebe für Baden.
In Beethovens Briefen an den Erzherzog ist auffallend oft von seinem Übelsein und von Krankheiten die Rede. Koliken, Gelbsucht, rheumatische Anfälle, Ohrenschmerzen, Husten und Augenleiden sind neben der Musik stets wiederkehrende Themen.
So ergibt es sich ganz von selbst, dass die beiden in der Kurstadt einander begegnen.

Beethoven schreibt an Erzherzog Rudolph in Baden:

Baden, 27. Mai 1813.

„Ihro Kaiserliche Hoheit!

Ich habe die Ehre ihnen meine Ankunft in Baden zu melden, wo es zwar noch sehr leer an Menschen, aber desto völler angefüllter, und in überfluß in hinreißender Schönheit pranget die Natur.
Wenn ich irgendwo fehle, gefehlt habe, so haben sie gnädigst Nachsicht mit mir, indem so viele aufeinander gefolgte fatale Begebenheiten mich wircklich in einen beynahe Verwirrten Zustand versezt, (...)
Würde nur auch mein Wunsch, sie bald in vollkommenen Gesundheits-Zustande zuwissen, erfüllt, Es ist in der That mein heisester Wunsch, und wie sehr betrübt es mich, daß ich eben jezt nichts zu ihrer Besserung zu ihrem Wohlbefinden vermittelst **meiner** Kunst beytragen darf und kann, nur der Göttin **Higea** ist dieses Vorbehalten, bin ich doch nichts als ein armer Sterblicher, der sich I.K.H. emphielt, und sehr wünscht, sich ihnen bald hier nahen zu dörfen.

Ihro Kaiserliche Hoheit Gehorsamster treuester Diener

ludwig van Beethoven"[6]

Der Empfänger des Briefes antwortet prompt und liebenswürdig. Erzherzog Rudolph an Beethoven in Baden:

„Lieber Beethoven!

Mit vielem Vergnügen habe ich aus Ihrem Brief vom 27ten deß vorigen Monaths, denn ich aber erst vorgestern abends erhielt, Ihre Ankunft in meinem lieben Baaden erfahren, und hoffe Sie, wenn es Ihre Zeit erlaubt, Morgen vormittags bey mir zu sehen, da der Aufenthalt von wenigen Tägen denn ich hier gemacht schon so vortheilhaft auf meine Gesundheit gewirkt, das ich ohne Nachtheil für dieselbe zu befürchten Musick hören und wieder selbst ausführen kann. Möchte Ihr Aufenthalt in dieser gesunden und schönen Gegend gleiche Wirkung auf Ihren Zustand hervorbringen, so wäre mein Zweck, denn ich durch Sorge für Ihre Wohnung beabsichtigt, gänzlich erfüllt.

Ihr Freund Rudolph“

Denn 7te Juny 1813

Pour Monsieur de Beethoven [7]

Beethoven wohnt in diesem Sommer im Sauerhof.

Seinem Gönner widmet Beethoven unter anderem die Missa solemnis op. 123, das Klavierkonzert Nr. 5 op. 73 und die Klaviersonate „Les Adieux“ op. 81 a[8].

Der Tod ereilt den musikbegeisterten Erzherzog ausgerechnet in seinem „lieben Baaden“.

In der Nacht des 23. Juli 1831 stirbt er plötzlich an einem Schlaganfall.

Der Leichnam wird vom Sterbehaus, dem gräfl. Aichelburg'schen Hause gegenüber der Stadtpfarrkirche (Kaiser Franz-Ring 11), nach Wien überführt und in der Kapuziner-Hofkirche bestattet[9].

Am 28. Juli findet für den Erzherzog in der Hofkirche zu Baden „ein Seelenamt bei aufgerichteter Tomba statt, an welchem Ihre kaiserlichen Majestäten und die in Baden anwesenden höchsten Herrschaften von Salerno im Oratorium beiwohnten“[10].

12. Habsburg privat

Die Sommeraufenthalte von Kaiser Franz in Baden sind gekennzeichnet von Privatheit.

Der Kaiser sucht Erholung und repräsentiert nur sehr selten, führt aber trotzdem Kabinettsarbeit durch und fährt fallweise nach Wien, um Audienzen zu erteilen[1].

Wiederholt kommt es in der Kurstadt zu habsburgischen „Familienréunionen".

Offenbar besucht man das Oberhaupt der Familie nicht ungern in seiner „Sommerfrische" nahe bei Wien.

Dass es dabei zum Vorbringen von Wünschen und zu Auseinandersetzungen kommt, ist nicht auszuschließen. So heißt es in den Aufzeichnungen des Erzherzogs Johann (1782–1859) aus dem Jahre 1823:

> „Am 29. August verließ der Brandhofer Vordernberg und begab sich, kränkelnd, nach der Residenzstadt. Am 31. war er Nachmittags in Baden, da kam es schon zu Erörtungen, wo er seine Ansicht fest behauptete."[2]

Mit dem Motto „Wandel ist der Zeiten Wesen" gerät der „steirische Prinz", der die Aufgaben des Staatsmannes im Erkennen des Zeitgeistes und in der Einleitung entsprechender Reformen sieht, in Gegensatz zum Kaiser und seinem Ziel des unveränderten Bewahrens.

Symbolhafter Ausdruck seiner Abkehr vom kaiserlichen Hof ist die Eheschließung mit dem Bürgermädchen Anna Plochl[3] (1804–1885), später Freiin von Brandhofen und Gräfin von Meran.

Zwiespältig ist das Schicksal des Sohnes von Napoleon und Erzherzogin Marie Louise. Kaiser Franz ist seinem Enkel ehrlich zugetan. Der hochbegabte, charmante junge Mann ist zwar ein Liebling des kaiserlichen Hofes, im eigentlichen Sinne seit dem Sturz seines Vaters jedoch nichts als eine „politische Verlegenheit" oder eine „politische Geisel", dessen bloße Existenz von den europäischen Mächten misstrauisch beobachtet wird.

Durch systematische Umerziehung soll das vaterlose Kind seine französische Vergangenheit vergessen[4], auf deutsche Art erzogen und seiner Abstammung nach als Österreicher betrachtet werden[5].

Im Juni 1818 verlässt Marie Louise Parma in Richtung Wien und richtet sich im Juli mit ihrem Sohn in Baden ein. Er gebraucht jetzt nur mehr die deutsche Sprache[6].

Das Kind erlebt in diesem Sommer das langersehnte Beisammensein mit der geliebten Mutter. Ein Anliegen von Marie Louise wird unterdessen zur Zufriedenheit gelöst: Ihr Sohn erhält mit kaiserlichem Patent den Titel eines „Herzogs von Reichstadt" und den Rang unmittelbar nach den Prinzen des kaiserlichen Hauses und Erzherzögen von Österreich[7].

Am 22. Juli nimmt sie die unterfertigten Patente in Empfang[8].

Im Sommer 1823 kommt es wieder zu einem gemeinsamen Aufenthalt der kaiserlichen Familie und des Herzogs von Reichstadt mit seiner aus Parma angereisten Mutter[9].

Die Lage des Heranwachsenden bleibt dennoch bedrückend. Er leidet unter seiner Erziehung, die ihn zu einem verschlossenen, misstrauischen Menschen macht[10].

Dem Wunsch nach vorzeitiger Großjährigkeitserklärung widersetzt sich der für die Erziehung verantwortliche Moritz Graf Dietrichstein (1775–1864) in einer ausführlichen Stellungnahme:

(...)

„Zum Schlusse muss ich aber noch die **bestimmteste** Versicherung erneuern, daß **eine frühere Emanzipation des Prinzen** – wie er sie, seinen unreifen verkehrten Ideen, seinem **unbändigen Streben** nach **Freiheit** und **Zügellosigkeit** gemäß (...) wünscht – daß ein Plan, der meine zuvor ausgesprochenen Ansichten unbeachtet ließe, das rasche, frühzeitige Verderben des Prinzen unausweichlich nach sich ziehen würde – wogegen ich mich daher, meiner und Anderer Ehre, wie meines Gewissens wegen, feyerlichst verwahre.“ (...)

Es folgt nun das Bekenntnis zu den entscheidenden politischen Erwägungen:

(...)

„Nicht bloß Wien, – die Monarchie, die **Welt** sieht auf den Prinzen, auf die Stellung: des Enkels seiner Majestät des Kaisers, des Sohnes einer anbethungswürdigen Mutter, und eines – wenn auch tadelnswerthen –, doch, mit großen Eigenschaften begabten Vaters. Ich weiß sehr wohl, daß dem Prinzen keine höhere Bedeutsamkeit, als die **eines künftigen Feldherrn** gegeben werden **kann** noch **darf**.“

(...)

Das Schreiben ist mit 30. Juni 1828 datiert[11], wurde also – gewiss nicht ganz zufällig – ein Monat vor der Firmung des nunmehr Siebzehnjährigen abgefasst.

Dazu kommt noch, dass Metternich und seine Gemahlin den Prinzen hassen und sich allen Versuchen des Hauses Napoleon und der bonapartistischen Partei um seine Auslieferung und Erhebung zum französischen Kaiser kompromisslos widersetzen[12].

1827 sind erste Anzeichen einer Lungeninfektion bemerkbar[13]. In Baden wird er an der kaiserlichen Tafel von einem Unwohlsein befallen[14].

Im Alter von einundzwanzig Jahren stirbt der Sohn Napoleons im Schloss Schönbrunn an seinem fortgeschrittenen Lungenleiden.

Der von Ärzten geforderten Reise nach Italien in ein mildes Klima war aus Staatsraison nicht zugestimmt worden[15].

Seine letzte Ruhestätte findet er im Pariser Dôme des Invalides an der Seite seines Vaters.

Im Badener Rollettmuseum sind Vater und Sohn in ihren Totenmasken symbolisch vereint.

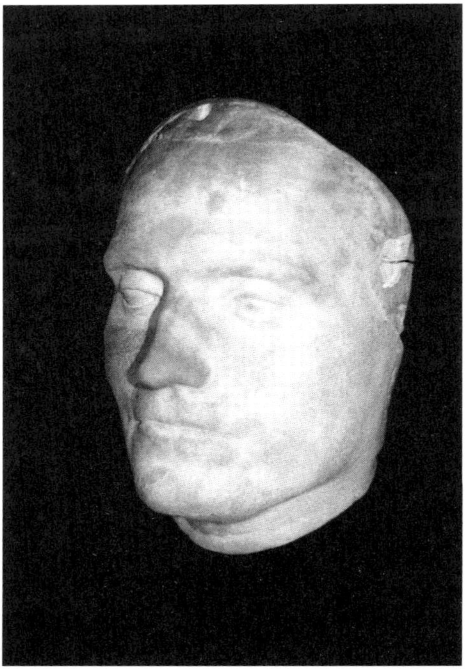

Abb. 15: Lebendmaske Napoleons

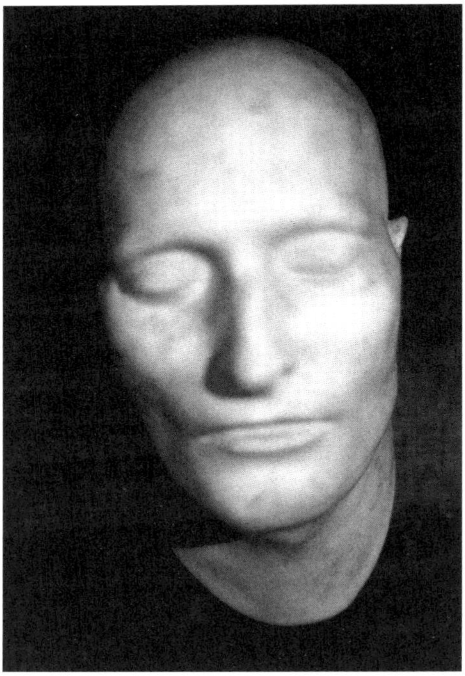

Abb. 16a: Totenmaske Napoleons

Abb. 16b: Totenmaske des Herzogs von Reichstadt

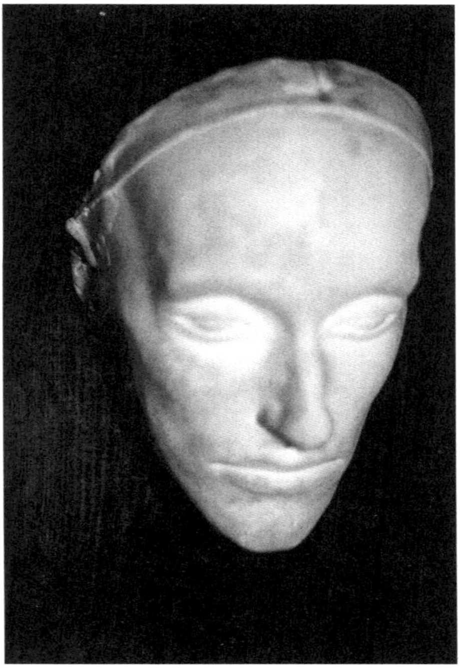

Im Badener Kaiserhaus nehmen an der Familientafel üblicherweise nur deren Mitglieder teil. Die Anzahl vergrößert sich ständig durch Verehelichungen.

Seit 1824 ist der jüngere Sohn des Monarchen, Erzherzog Franz Carl, mit der bayrischen Prinzessin Sophie verheiratet.

Erzherzog Kronprinz Ferdinand verehelicht sich 1831 mit der königlichen Prinzessin Maria Anna von Sardinien (1803–1884).

Das Paar begibt sich am 28. Juli 1832 nach Baden und bezieht dort den zweiten Stock des Kaiserhauses[16].

Für immer fehlt Erzherzogin Leopoldine (1797–1826). Sie wird 1817 für den Kronprinzen Dom Pedro von Portugal und Brasilien ausersehen und nach Brasilien verheiratet.

Ab 1829 gehört es zum Ritual des kaiserlichen Kuraufenthaltes, dass auf Veranlassung des Badener Magistrates in der Pfarrkirche ein Bittamt für „Seine Majestät um den gedeihlichen Gebrauch der Bäder" und nach Beendigung ein Dankamt abgehalten wird[17].

Der Monarch und seine Familie bewegen sich in Baden frei und ungezwungen.

In einfacher Zivilkleidung unternimmt Kaiser Franz Spaziergänge und wird in dieser Gewohnheit auch vielfach nachgeahmt.

Willkommene Abwechslung bietet das Theater der Kurstadt.

Der Dichter und Schauspieler Ferdinand Raimund (1790–1836) hat im Juli 1824 anlässlich seines Auftrittes in dem Stück von Karl Meisl „Das Gespenst auf der Bastei“ großen Erfolg als „Gespenst“ und darf sich rühmen, „daß der Kaiser und die Kaiserin außerordentlich vergnügt waren. (...) Ich darf dem Glücke dankbare Blumen streuen, das mir den Sieg über die ernste Miene Sr. Majestät erleichtert hat“ (...) schreibt er in einem Brief aus Baden[18].

Für Unterhaltungen wird vom Hof verhältnismäßig viel Geld ausgegeben, besonders während des Sommeraufenthaltes im Jahre 1830, der 47 Tage dauert und bei dem – unter Überschreitung des Voranschlages – allein für Theateraufführungen 2.437 fl. CM bezahlt werden[19].

Ergänzend wäre anzumerken, dass Baden nicht das einzige Ziel des äußerst reisefreudigen Monarchen ist.

Zwischen 1816 und 1834 führen Reisen zu den Privatherrschaften Lubereck, Persenbeug, Pöggstall und Weinzierl, Jagdreisen nach Laxenburg, Schloßhof und Holitsch[20].

13. Das Übungslager bei Traiskirchen

Anlässlich der militärischen Übungen in der Ebene von Traiskirchen im September 1828 ist Kaiser Franz während dieser Zeit auch in seinem privaten Sommersitz von Repräsentationspflichten in Anspruch genommen.

Zusätzliche Leibgarden und der Oberstküchenmeister werden nach Baden berufen.

Am 9. September wird das Lager bezogen und „S=e Majestät begaben Sich mit Allerhöchstihrem General=Adjutanten ohne alles Gepränge in das Lager, um die Truppen zu besichtigen"[1].

Während der Manöver finden im Kaiserhaus zu Baden insgesamt sieben große Hoftafeln für das Militär statt: am 10., 11., 13., 14., 16., 17. und 18. September.

Wie stets bei offiziellen Anlässen erweist sich der Monarch als großzügiger Repräsentant und Gastgeber. Repräsentiert wird kaiserlich und in großem Stil.

„**Mittwoch, den 10. September**, war die erste große Hoftafel bei S=r Majestät. Selbe wurde in dem großen Saale des Casino=Gebäudes, welch letzteres mittels Durchbrechung der Mauer mit dem daranstoßenden Kaiserhause in unmittelbare Verbindung gebracht worden war, abgehalten.

Bei dieser und den späteren Militärhoftafeln hielten die Banden der Lager=Regimenter und Korps in einem Nebenzimmer abwechselnd die Tafelmusik." (...)[2]

In dem bereits erwähnten Casino-Saal findet viermal eine „Soirée dansante mit Spiel" statt, an welchen zwischen 200 und 300 Personen teilnehmen.

Höhepunkte der militärischen Übungen sind das Kavallerie-Manöver am 19. September, das Infanterie-Manöver am 20. September, in dem sich „zwei Infanterie=Regimenter und zwei Jäger=Bataillons produzierten"[3], und schließlich das große Feld-Manöver am 22. September, das die Kaiserin mit ihrer Anwesenheit beehrt.

„Vormittags fand ein großes Feld-Manoever bei Guntramsdorf statt, bei welchem auch die Wiener Garnison mitagierte.

Auf der Spitze des Eichkogels und am Fuße desselben waren Zelte für Ihre Majestät die Kaiserin errichtet.

Höchstsie sah aus letzterem Zelte den Manoevern zu."[4]

In dem Zeltlager der k.k. Regimenter bei Traiskirchen finden sich mit den Schaulustigen und Geschäftstreibenden auch eine Musikband ein, so dass auch die Lebensfreude in dem militärischen Lager nicht zu kurz kommt.

Der „Lust-Lager-Walzer" op. 18 von Johann Strauß Vater (1804–1849) trägt dem Anlass und der lebensfrohen Atmosphäre Rechnung.

Am 24. September ist das militärische und gesellschaftliche Schauspiel zu Ende.

Der Hof begibt sich nach Wien zurück und die Truppen marschieren wieder in ihre gewöhnlichen Stationen[5].

14. Schüsse auf den Thronfolger

Schüsse auf einen Thronfolger fallen nicht erst am 28. Juni 1914 in Sarajewo, sondern bereits am 9. August 1832 in Baden.

Das Pistolenattentat des pensionierten Hauptmannes Franz Reindl auf Kronprinz Ferdinand (seit September 1830 gekrönter König von Ungarn), am Ende der Bergstraße (heute Marchetstraße 37) während seines gewöhnlichen Spazierganges misslingt und löst überdies keinen Weltenbrand aus.

Die Schüsse lösen vielmehr eine lebhafte patriotische Gegenreaktion aus – in Baden selbst, in den Zeremoniell-Protokollen vom 9. und 10. August 1832[1], ab dem 10. August auch in der „Österreichisch=Kaiserlichen privilegierten Wiener Zeitung“[2].

Dennoch leitet das Ereignis einen neuen Abschnitt in der Geschichte des Kaiserhauses und der Kurstadt ein.

Die Wiener Zeitung berichtet ausführlich über den Hergang in ihrer Ausgabe vom 10. August:

> (...)
>
> „Heute Morgens, nach Anhörung der heiligen Messe, machte der König, in Begleitung Seines Dienstkämmerers, Feldmarschall-Lieutenants Grafen von Salis, Seinen gewöhnlichen Spaziergang. In der Bergstraße, ungefähr hundert Schritte von dem letzten Hause in der Richtung nach dem St. Helenenthale, feuerte ein pensionierter Hauptmann, Nahmens Franz Reindl, ein Terzerol auf den König ab. Die Kugel traf denselben auf dem linken Schulterblatte, erstarb aber glücklicherweise in dem Futter des Ueberrockes, und verursachte daher nur eine leichte Prellung.
>
> In demselben Augenblicke sprangen drey in der Nähe befindliche Männer eiligst herbey, um sich des Mörders zu bemächtigen.“ (...)

Am 13. August veröffentlicht die Wiener Zeitung die Namen „der wackeren Männer, welche sich bey Ergreifung und Einbringung des Verbrechers (...) durch Muth und Entschlossenheit ausgezeichnet haben.“di

Es sind dies:	Franz Tauscher,	Gärtner im Dienste des Wundarztes Rollett,
	Andreas Keller,	Bedienter bei Mdme. Ephraim,
	Joseph Glaner,	Hauer vom Baumgartenberg zu Baden,
	und	
	Joseph Bernscherer, behauster Fuhrmann in Baden.	

> (...)
>
> „Franz Tauscher ging, ungeachtet des vorgehaltenen Terzerols, unerschrocken auf den Thäter los, packte ihn von rückwärts, und riß ihn zu Boden.“

Die spontane und risikoreiche Hilfe von vier Menschen, die dem Hof völlig fernstehen, lässt den Schluss zu, dass das monarchische Prinzip, vertreten durch den schwer epileptischen Thronfolger, zu jener Zeit noch unangefochten ist.

Am nächsten Tag erhalten die vier Badener von der kaiserlichen Familie reiche Geldgeschenke.

Abb. 17: Ludwig Beyfuhs, Baden, am 9. August 1832
Die Überwältigung des Attentäters. Im Hintergrund links Kronprinz Ferdinand, rechts Graf Salis. Blick ins Helenental und auf die Weilburg

Franz Tauscher wird noch am selben Tag,

„unmittelbar nach seiner verdienstlichen Handlung, auf a.h. Befehl unter die Leiblakaien aufgenommen, und folglich mit der Hoflivree bekleidet.

Andreas Keller aber erhält die Anwartschaft auf die nächste in Erledigung kommende Leiblakaienstelle und rückt am 25. August 1832 in eine solche Stelle ein.“[3]

Der Begleiter des jüngeren Königs von Ungarn an jenem verhängnisvollen 9. August, Rudolph Graf von Salis-Zizers (1779–1840), erhält am 20. August ein eigenhändiges Cabinetts-Schreiben von Kaiser Franz und als Auszeichnung und Merkmal besonderer Gnade das Commandeurkreuz des Kaiserlichen Leopold-Ordens verliehen[4].

Am 12. August – es ist ein Sonntag – verfügt sich eine feierliche Abordnung des Magistrates der Stadt Wien und der Bürgerschaft nach Baden, um ihre Freude über die Abwendung des Attentates im Rahmen einer Audienz beim Kaiser, der Kaiserin, dem jüngeren König von Ungarn und der Königin auszudrücken[5].

An demselben Tag gibt das große Volksfest auf der „Hauswiese“ im Helenental allen Patrioten Gelegenheit, die Abwendung des Attentates mit der kaiserlichen Familie mitzufeiern und Johann Strauß Vater mit seinem Orchester aufspielen zu hören.

Der Komponist und Dirigent bringt seinen „Helenenwalzer“ („Souvenir de Baden“) op. 38 wirkungsvoll zur Aufführung[6].

Am Montag, dem 13. August, folgt in der Pfarrkirche zu Baden ein feierlicher Dankgottesdienst „für die glückliche Erhaltung Seiner Majestät des jüngeren Königs“[7].

In Baden sind die patriotischen Veranstaltungen damit vorläufig abgeschlossen.

Die kaiserliche Familie setzt ihren Aufenthalt in Baden fort und erst am 11. bzw. am 12. September verlassen die Majestäten die Stadt „im erwünschten Wohlseyn“, wie die gängige Formel lautet[8].

Die größeren Städte der Monarchie folgen dem Badener Beispiel, um an Loyalität nicht nachzustehen und sie womöglich noch zu überbieten.

Bis Ende September reihen sich in der „Österreichisch=Kaiserlichen privilegierten Wiener Zeitung“ die Berichte aneinander.

In Brünn wird der Dankgottesdienst mit reichlichen Spenden für die Armen und Hilfsbedürftigen verbunden[9].

In Prag folgt auf das Hochamt in der Haupt-Pfarrkirche am Thein ein großes Diner unter Abfeuerung von Pöllern und das Abspielen der Volkshymne durch die Musik des Scharfschützen-Corps. Das zahlreich versammelte Publikum jubelt[10].

Die Stadt Agram bezeichnet das Attentat als „schwarzes Höllenwerk“[11] und in Graz „läßt nach vollendetem Gottesdienst die hohe Generalität das Bürgerkorps mit kingendem Spiel vorbeidefilieren“[12].

In Preßburg und in der königlichen Freistadt Ödenburg werden die religiösen Dankfeiern aller Konfessionen „mit inniger Rührung“ begangen[13].

Zu einem gesellschaftlichen Ereignis wird die Feier in dem Badeort Ischl. Die Anwesenheit von Herrschaften, Beamten und Badegästen, die Beleuchtung der Esplanade, an deren Ende ein beleuchteter k.k. Adler prangt, Musik, Pöller und ein Freudenfeuer am Siriuskogel steigern den allgemeinen Jubel des Volkes[14].

In der Provinzial-Hauptstadt Innsbruck tritt anlässlich des Dankgottesdienstes neben der übrigen Garnison die Divison des Kaiser Jäger-Regiments besonders in Erscheinung[15].

In Klagenfurt verschönt der kärntnerische Musikverein die kirchliche Dankesfeier und beweist damit wie bei jeder Gelegenheit „die ungeheuchelte Anhänglichkeit an Kaiser und Vaterland“[16].

Und in der landesfürstlichen Hauptstadt St. Pölten erhalten nach der Danksagung in der Domkirche die in Garnison befindlichen Mannschaften 16 Eimer Wein und die Erziehungsknaben des k.k. Infanterie-Regiments Baron Langenau 50 Metzen Erdäpfel. An die Armen gelangen 100 fl. W.W. zur Verteilung[17].

Das Motiv des Attentates war übrigens ein rein persönliches und, aus historischer Betrachtung der Schüsse vom 28. Juni 1914, auch sehr banal – statt des erbetenen Gnadengeschenkes von 900 Gulden C.M. hatte Hauptmann Reindl nur 100 Gulden C.M. vom Thronfolger erhalten.

In demselben Jahr wird der 40. Jahrestag des Regierungsantrittes von Kaiser Franz gefeiert. In dem allgemeinen Dankestrubel tritt das Regierungsjubiläum des regierenden Monarchen etwas in den Hintergrund.

Recht bescheiden nimmt sich eine Zeitungsmeldung aus, dass „hochherzige Spenden das wohltätige Vaterherz des gütigsten Landesvaters auf angemessene Weise verherrlichen“[18].

Die Stadt Baden erhält im darauf folgenden Jahr noch einen dauerhaften und sehr nutzbringenden Beweis kaiserlicher Dankbarkeit, nämlich einen Trinkwasserbrunnen.

Auf dem Badener Hauptplatz, direkt neben der Pestsäule, wird ein Trinkwasserbrunnen mit der schlichten Aufschrift

AQUAEDUCTUS FERDINANDEUS
MDCCCXXXIII

Abb. 18: Ferdinandsbrunnen, Detail

errichtet. Die Eröffnung erfolgt am 13. Juni 1833[19].

Dieser Ferdinandsbrunnen liefert noch heute vorzügliches Trinkwasser.

Der Aufenthalt des Thronfolgers und seiner Gemahlin in Baden beginnt 1833 am 19. Juni.

Am nächsten Tag treffen die kaiserlichen Majestäten ein[20].

Dankbarkeit und habsburgische Frömmigkeit veranlassen den Kaisersohn zu einer Dankeswallfahrt nach Mariazell. Begleitet von seiner Gemahlin tritt er am 2. Juli von Baden aus die Reise nach Mariazell an und kehrt am 7. Juli wieder dorthin zurück.

Eine Aquarellfolge von vierzig eindrucksvollen Landschaftsszenarien (im Besitz des Niederösterreichischen Landesmuseums) sind das künstlerische Vermächtnis der Pilgerreise.

Die Folge trägt den Titel:

„Mahlerische Reise von Wien nach Mariazell in Steyermark", dargestellt in drey Tagreisen und nach der Natur aufgenommen im Jahre 1833 in Begleitung Sr. Majestät des jüngeren Königs von Ungarn Ferdinand dem Fünften, von Eduard Gurk.

Eduard Gurk hatte den Thronfolger bereits 1830 nach Preßburg zu dessen Krönung zum König von Ungarn begleitet.

1833 entstehen vierzig topographisch genaue Landschaftsbilder, welche laut königlichem Auftrag die Schönheit der Natur entlang der traditionsreichen „Via Sacra", ausgehend von der „Spinnerin am Kreuz" am Wienerberg, quer durch das niederösterreichische Voralpengebiet bis nach Mariazell, besonders hervorheben.

Die Bildfolge legt Zeugnis ab von einer religiös motivierten Interpretation der Landschaft und einer bewundernden Auseinandersetzung mit der Natur[21].

In der Wallfahrtskirche von Mariazell befindet sich eine lebensnahe Darstellung des Attentates, „gemahlt von Ludwig Beyfuhs, Historien Mahler".

Im Jahre 1837 bringt Ferdinands Gemahlin Maria Anna die in Gold gefasste Bleikugel als Votivgabe nach Mariazell. Dieses historische Erinnerungsstück ist jedoch nicht mehr vorhanden. Es wurde in der Nacht vom 30. auf den 31. Oktober 1988 zusammen mit anderen wertvollen Gegenständen aus der Schatzkammer der Kirche gestohlen[22].

Der Aufenthalt der kaiserlichen und königlichen Majestäten endet im Sommer 1833 nach einem Monat[23].

Am 15. Juli 1834 begibt sich Ferdinand mit seiner Gemahlin neuerlich nach Baden. Am Tage darauf folgt das Kaiserpaar und auch Marie Louise befindet sich seit 16. Juli in Baden[24]. Diese letzte sommerliche Familienréunion endet am 13. August[25] und wird sich nicht mehr wiederholen.

Mit dem Tod von Kaiser Franz endet die Glanzzeit der Stadt und ihre Sonderstellung als „kaiserliche Sommerfrische". Der Monarch stirbt am 2. März 1835.

Danach wird es still im Kaiserhaus.

Abb. 19: Votivgabe mit Bleikugel

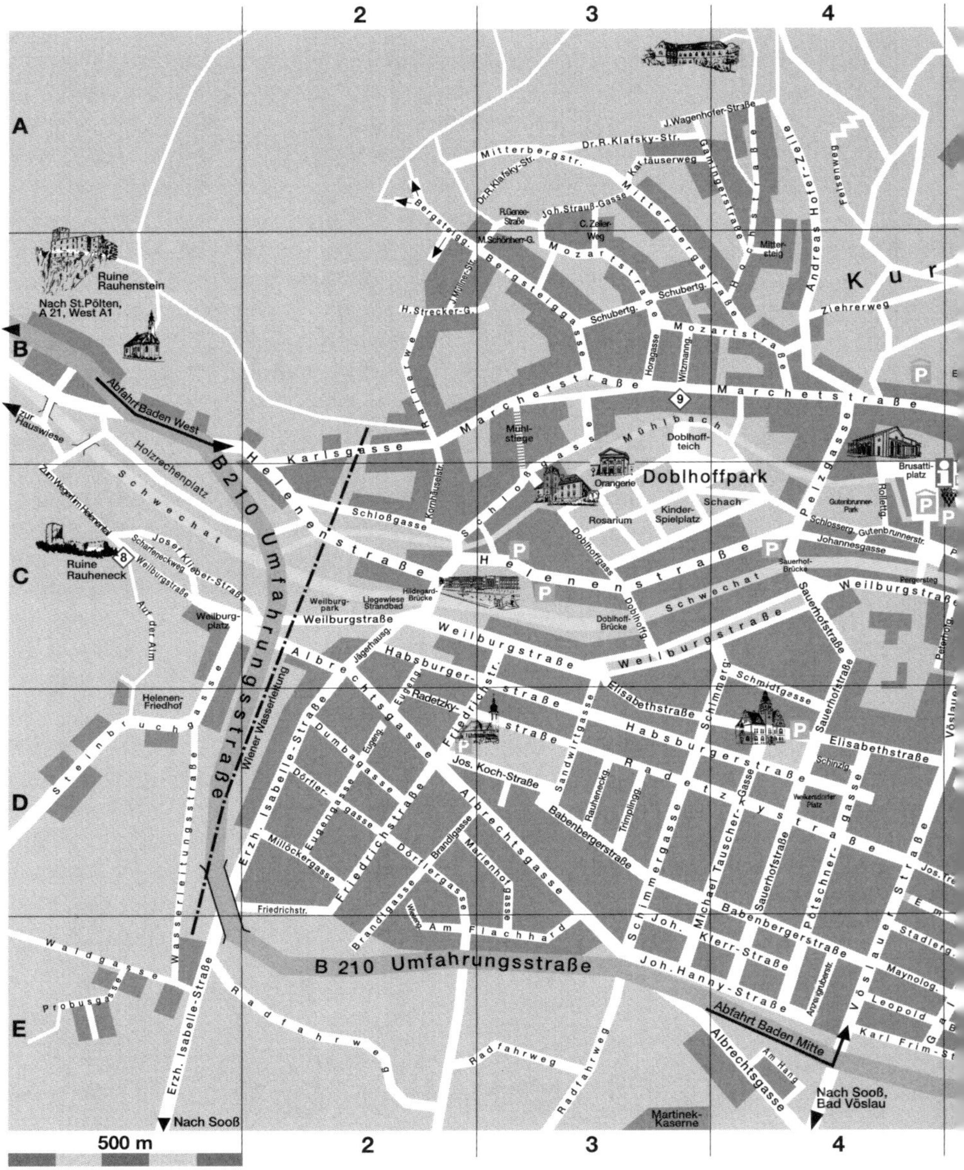

Abb. 20: Habsburgische Residenzen und Erinnerungsstätten in Baden

◇1 Kaiserliche Sommerresidenz (Kaiserhaus) 1813–1834, Hauptplatz 17
◇2 Ferdinandsbrunnen, angebaut an die Pestsäule, errichtet 1833, Hauptplatz
◇3 Frauenkirche, Hofkirche bis 1918, Frauengasse
◇4 Floravilla, zeitweise Sommerwohnung von Marie Louise, Frauengasse 5
◇5 Geburtshaus der Burgschauspielerin Katharina Schratt („Schratthaus"), Theresiengasse 1

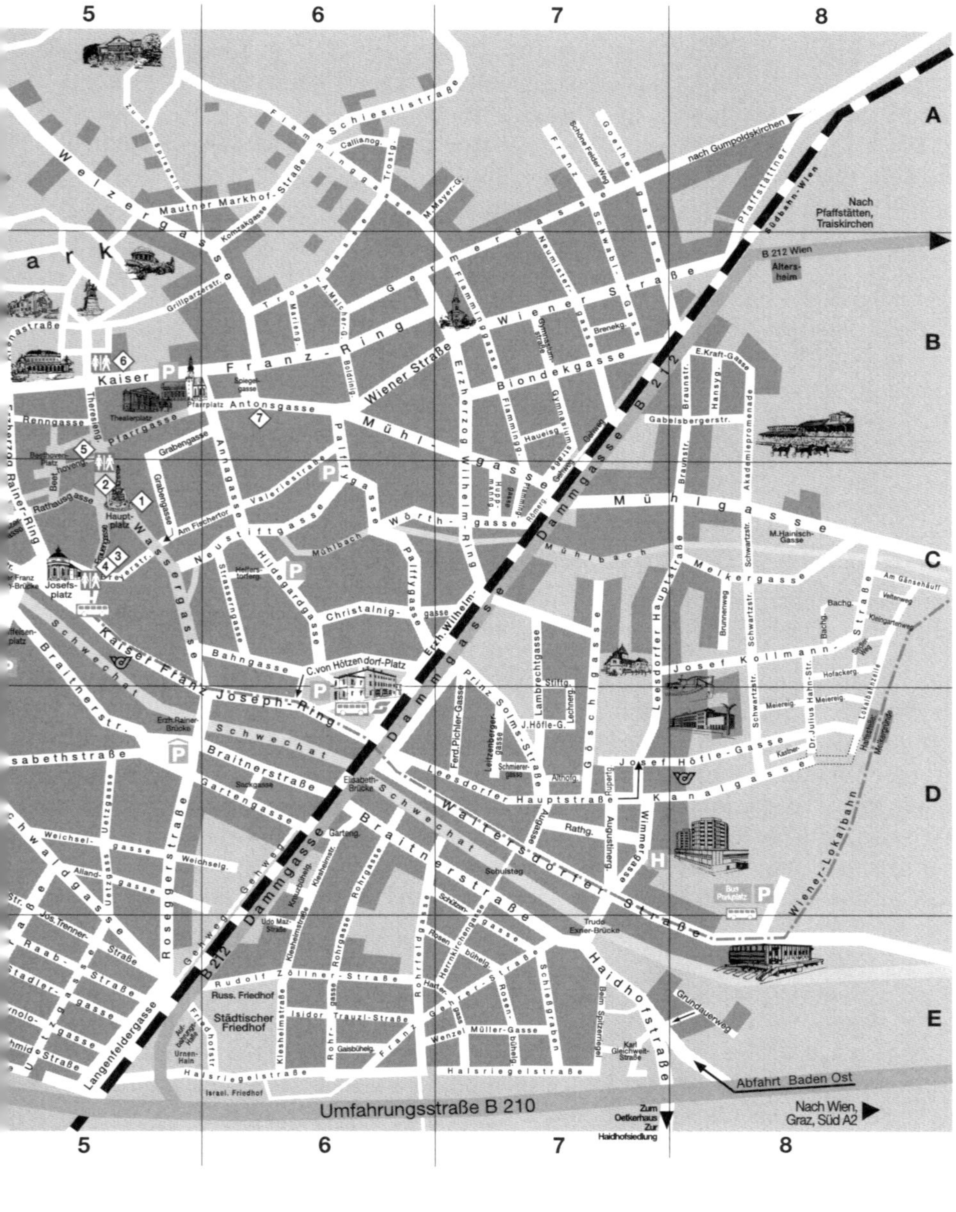

⑥ Gräflich Aichelburg'sches Haus, Sterbehaus von Erzherzog Rudolph, Kaiser Franz-Ring 11

⑦ Palais von Erzherzog Anton Viktor, Antonsgasse 10–12

⑧ ehem. Weilburg, Palais von Erzherzog Carl

⑨ Attentat auf Kronprinz Ferdinand am 9. August 1832, ca. Marchetstraße 37

15. Katharina Schratt – eine Badenerin

Eingedenk des Attentates vom August 1832 kehrt Ferdinand I. als Kaiser (1835–1848) im Sommer nicht mehr nach Baden zurück.

Mit dem Tod des Erzherzogs Anton Viktor im April 1835 hat die Stadt einen zusätzlichen und wichtigen Förderer verloren.

Der nachfolgende Kaiser Franz Joseph hat während seiner gesamten Regierungszeit (1848–1916) keine Verwendung für das Gebäude im Zentrum der Badestadt.

An die Stelle Badens ist Bad Ischl als „kaiserliche Sommerfrische" getreten.

Nur kurze private Besuche bei den in Baden lebenden Nachkommen des Erzherzogs Carl führen den Monarchen dorthin.

Dennoch verbindet ihn eine dauerhafte Beziehung indirekt mit Baden – in der Person der Burgschauspielerin Katharina Schratt (1853–1940).

Katharina Schratt wird als Tochter eines angesehenen Badener Bürgers in dem Hause Theresiengasse 1 geboren[1].

Als sie bereits erfolgreiche Burgschauspielerin ist, beginnen ab 1886 – mit Förderung und Wissen von Kaiserin Elisabeth – ihre regelmäßigen Kontakte zum Kaiser, die bis zu seinem Tod im Jahre 1916 andauern.

Von den zahlreichen Briefen, die zwischen dem Kaiser und seiner „gnädigen Frau" und „lieben, guten Freundin" gewechselt werden, bezieht sich einer ganz konkret auf Baden:

„Meine gnädige Frau, Ofen, den 11. Juni 1888

(...) in meinem letzten Briefe vergaß ich Ihnen zu sagen, daß ich vorigen Mittwoch in Ihrer Vaterstadt zur Taufe des neugeborenen Erzherzogs war. Während derselben in der schönen, großen Kirche und während der Täufling jämmerlich schrie, dachte ich, daß Sie in Ihren ersten Jugendjahren wohl öfter in diesen Räumen weilten. War es nicht der Fall, so habe ich eben wieder in meiner Phantasie einen Unsinn combiniert. Wenigstens kann es Ihnen ein Beweis sein, daß ich mich in Gedanken viel mit Ihnen beschäftige. (...)

Ihr aufrichtig ergebener

Franz Joseph"[2]

Katharina Schratt ist in Wien auf dem Hietzinger Friedhof bestattet und hat trotz verlockender Angebote ihre „Memoiren" niemals preisgegeben, sondern mit ins Grab genommen.

16. Das Ende einer Epoche

Auf der letzten Seite des Zeremoniellprotokolls über das Jahr 1916 findet sich folgende Eintragung:

Dienstag, 21. November

„Seine k. und k. apostolische Majestät Franz Joseph I. sind, wenige Minuten nach 9 Uhr abends, sanft in den Herrn entschlafen.“[1]

Den Tod von Kaiser Franz Joseph empfinden viele Zeitgenossen als große Zäsur, manche auch als Anfang vom Ende der Monarchie. War er doch, über den Parteien stehend, von allen Nationen, Konfessionen und Ständen respektiert, ein Symbol des übernationalen Reiches.

Der alte Kaiser war von seinem moralischen Gewicht und seinem Wirken her ein Fixpunkt. Sein Tod erfolgt in einer für das Reich unvergleichlich kritischen Situation[2].

Der große Krieg, ausgelöst durch die Ermordung des Thronfolgerpaares in Sarajewo am 28. Juni 1914 und die daraus folgende Kriegserklärung Österreich-Ungarns an Serbien am 28. Juli 1914, ist in vollem Gange. Er wird unter der späteren Bezeichnung als Erster Weltkrieg in die Geschichte eingehen.

Der Artikel XV des Testamentes von Kaiser Franz Joseph, datiert mit 6. Februar 1901, könnte aus der Sicht des Jahres 1916 als vorausblickende Mahnung interpretiert werden:

„Auch Meiner Armee und Flotte gedenke Ich mit den Gefühlen gerührten Dankes für ihre Tapferkeit und treue Ergebenheit. Ihre Siege erfüllten Mich mit freudigem Stolze, unverschuldetes Mißgeschick mit schmerzlicher Trauer.

Der vortreffliche Geist, welcher Armee und Flotte, sowie meine beiden Landwehren von jeher beseelte, bürgt Mir dafür, daß Mein Regierungsnachfolger nicht minder auf sie zählen darf als Ich.“[3]

In den ersten beiden Kriegsjahren dient das Kaiserhaus zu Baden als Rekonvaleszentenheim.

Es sind rund vierzig kurbedürftige, verwundete Offiziere untergebracht, für welche die Badener Bäder zur Ausheilung vorgesehen sind.

Ein Hofkoch leitet die Küche des Hauses und die gewöhnliche Kost während des Jahrs mutet im Hinblick auf die kommenden Hungerjahre noch sehr friedensmäßig an.

Das tägliche Mittagessen besteht aus „Suppe, Rindfleisch oder Fisch mit Zuspeise, Braten oder Fisch mit Zuspeise und einer Mehlspeise“.

Um die Patienen etwas aufzuheitern, erhält das Erholungsheim seitens des Hofes zu Weihnachten einen Christbaum und an die Insassen werden kleine Geschenke verteilt[4].

Mit dem Ende der francisco-josephinischen Epoche wird ein neues Kapitel in der Geschichte des historischen Gebäudes beginnen.

17. Huldigungen

Patriotische Texte und Kompositionen sind Bestandteil des Huldigungsrituals anlässlich des Thronwechsels.

Sie verstehen sich als Ausdruck der Loyalität gegenüber dem neuen Herrscher und verkünden Hoffnung auf einen glücklichen Ausgang des Krieges.

Franz Löffler komponiert für Kaiser Karl einen **Huldigungs-Festgesang:**

„Heil, Heil dem Kaiser! Östreichs Kaiser!
Sei gegrüßt uns stolzer Doppelaar!
Im Weltenkriege gegen eine Feindesschar
hast Du gerungen, vereint unbezwungen,
und wenn Du zustrebst Gotteshöhn,
so wird der Friede auferstehn.
Heil Deinem Mute, Habsburgs Blute!
Unserm Herrscher, unserm Weiser,
unserm jungen kühnen Kaiser!
Österreich, Vaterland, Österreich, Vaterland,
Deine Zukunft ruht in treuer Hand,
Deine Zukunft ruht in treuer starker Hand!“[1]

Carl Michael Ziehrer (1843–1922), k. u. k. Hofballmusikdirektor, komponiert 1917 den **Kaiser Karl-Marsch** für einen Zuversicht ausstrahlenden Text:

„Durch die Lande klingt's wie heller Glockenton,
und jubelt zum Himmel empor!
Junger Kaiser auf altem, geheiligten Thron,
wir danken, daß Gott dich erkor!

In drängender Not,
von den Feinden rings umdroht,
bist Du unser Hort und Glauben!
Mag uns umbrausen tausendfach der Krieg,
Du führst uns zu strahlendem Sieg!“[2]

Für die junge Kaiserin komponiert Erich Wolfgang Korngold (1897–1957) die **Kaiserin Zita-Hymne**.

Die erste Strophe lautet:

„Noch stehn wir in Gewittern, noch tobt im Sturm das Meer.
Kein Zagen und kein Zittern, kein Zagen und kein Zittern
kennt Öst'reichs stolzes Heer, kennt Öst'reichs stolzes Heer.
Und wird die Welt den jungen Frühling künden,
sie werden Dir die ersten Kränze winden.
Jung Österreich tritt vor und singt im frommen Chor:
Es tönt der Sang wie Orgelklang: Die Kinder sind's, die Kleinen,
Du tatst ihr Leid erschau'n. Du lindertest ihr Weinen,
Du edelste der Frau'n.
Sie geben Blut und Leben hin
für ihre gute Kaiserin, für ihre gute Kaiserin.“[3]

Abb. 21: Wilhelm Viktor Krauß (1878–1959) Kaiser Karl als Feldmarschall, 1917

Der Monarch trägt folgende Orden:
den Orden vom Goldenen Vließ (größtenteils verdeckt),
weiters (v. l. n. r.):
den Orden der Eisernen Krone I. Klasse (mit Kriegsdekoration),
die Große Militärverdienstmedaille aus vergoldeter Bronze,
das Militärverdienstkreuz III. Klasse (mit Kriegsdekoration), (größtenteils verdeckt),
und
die Bronzene Militärverdienstmedaille am roten Band;
darunter
das Großkreuz des Militär-Maria-Theresien-Ordens
(Kaiserin Maria Theresia gründete den nach ihr benannten Militär-Maria-Theresien-Orden für kampfentscheidende Maßnahmen, die aus eigener Initiative getätigt wurden, im Jahre 1757)
und
das Preußische Eiserne Kreuz I. Klasse
sowie
das Preußische Eiserne Kreuz II. Klasse (Band im Knopfloch).

Der Text der Kaiserin Zita-Hymne ist umso bemerkenswerter, als es in der Bevölkerung auch Vorbehalte gegen die aus der Familie Bourbon-Parma stammende Kaiserin gibt.

Und ihre Brüder Sixtus (1886–1934) und Xavier (1889–1977) dienen in der belgischen Armee auf der Seite des Feindes.

Gerüchten zufolge soll die Kaiserin durch Einflussnahme auf ihren Gemahl versuchen, eine Politik gegen Deutschland und eine Annäherung an Frankreich zu begünstigen[4].

Bei Durchsicht des Zeremoniellprotokolls 1917 fällt auf, dass die Kaiserin in der Zeit vom 6. Februar bis 18. April insgesamt vierzehn mehrstündige Audienzen allein erteilt. Mit wenigen Ausnahmen beginnen die Audienzen um 3 Uhr nachmittags und finden stets im Gisela-Appartement der Hofburg statt. Am 26. März 1917 dauern die Audienzen von 10 Uhr vormittags bis 12 Uhr und von 2 Uhr 30 nachmittags bis ca. 7 Uhr abends[5].

Weitere Empfangstermine für namentlich nicht genannte Persönlichkeiten sind am 15. Mai füsr die Zeit von 10 Uhr vormittags bis 12 Uhr mittags und von 3 Uhr bis 6 Uhr nachmittags vermerkt[6].

Abb. 22: Kaiserin Zita

18. Der neue Kaiser

Karl I. (17. 8. 1887–1. 4. 1922)
Namenstag 4. November – hl. Karl Borromäus
Kaiser von Österreich 1916–1918
Wahlspruch: OMNIA CUM POPULO MEO

Nach dem Tod des Kaisers Franz Joseph übernimmt sein Großneffe Karl, neunundzwanzig Jahre alt, mit Zita von Bourbon-Parma (1892–1989) verheiratet, im dritten Jahr des Krieges ein schweres Erbe.

Er soll als Karl I. bzw. als Apostolischer König von Ungarn Karl IV. der letzte Herrscher des Habsburgerreiches werden.

Dem neuen Kaiser geht der Ruf eines freundlichen, leutseligen jungen Mannes voraus, politische Erfahrung fehlt ihm, an seinem entschiedenen Friedenswillen ist jedoch kein Zweifel[1].

Von der ersten Stunde an stürzen die Probleme des Krieges und der Politik geradezu auf ihn ein. Kritisch wird jedoch auch festgehalten, dass er seine Herrschaft mit einer Mischung aus Unerfahrenheit, Idealismus, persönlichen Präferenzen und Abneigungen antritt[2].

Tatsache ist, dass er einen völlig neuen Regierungsstil kreiert und von dem Wunsch erfüllt, überall dabei zu sein, einen Großteil seiner Regierungszeit auf Reisen verbringt[3].

Die österreichisch-ungarische Monarchie, ein Vielvölkerstaat ähnlich dem Russischen und Osmanischen Reich, befindet sich im Herbst 1916 im dritten Kriegsjahr.

Verbündete sind das Deutsche Reich, Bulgarien und das Osmanische Reich.

Gegner sind Serbien, Montenegro, Großbritannien, Frankreich und das Russische Reich, dazu Belgien und Japan, Italien und Rumänien. Ab 1917 werden auch die Vereinigten Staaten von Amerika, Griechenland, China, Brasilien und die meisten anderen lateinamerikanischen Staaten zu Gegnern der Mittelmächte werden.

Neutral bleiben die Schweiz, die Niederlande, Dänemark, Schweden, Norwegen und Spanien.

Österreich hat die Vernichtung durch die Koalition der Gegner zu fürchten, aber auch die überlegene Stellung des Deutschen Reiches, die sich im Laufe des Krieges immer mehr verstärkt, bietet wenig erfreuliche Aussichten[4].

Es wird vielfach die Meinung vertreten, für das Deutsche Reich sei die Auslösung des Krieges die lange erwartete Gelegenheit gewesen, die Hegemonie zu erlangen und eine unter Bismarck erreichte Großmachtstellung zu einer Weltmachtstellung auszuweiten[5].

Die Deutschen, von Anfang an bevölkerungsmäßig, wirtschaftlich und militärisch die Stärkeren, beanspruchen mit Beginn des gemeinsamen Krieges dessen Führung und Schwerpunktsetzung. Das deutsche Heer ist im Vergleich zu Österreich-Ungarn homogener, hat den größeren Reichtum des Landes hinter sich und den ziemlich einheitlichen Siegeswillen. In der Ausbildung und im Fronteinsatz wird von den Menschen rücksichtslos das Äußerste abverlangt.

Der Führung der Donaumonarchie liegt es jedoch fern, einen Krieg für die Hegemonie des Hauses Hohenzollern zu führen und sie strebt nach baldmöglicher Distanzierung von einer solchen Auslegung des gemeinsamen Krieges[6].

Deutsche Missstimmung über die „schlampete Kavalierswirtschaft in Wien", gegenseitige Verstimmung über die militärischen Leistungen des Bundesgenossen[7], ständiges Tauziehen um strategische Prioritäten (Ost- oder Westfront, Südfront, Balkan oder Türkei) und nicht zuletzt das Nichtvorhandensein eines gemeinsamen Oberbefehls belasten das Bündnis mit dem Deutschen Reich. Immer wieder gibt es auch Verstimmungen wegen gegenseitig erbetener und fallweise nicht gewährter Truppenhilfe[8].

Die Überheblichkeit mancher deutscher Militärpersonen schmerzt österreichisch-ungarische Kriegsteilnehmer und kommt als emotionaler Faktor hinzu.

Seit 7. September 1916 befindet sich Österreich-Ungarn mit der Unterwerfung unter die Deutsche Oberste Heeresleitung überdies in einer nie dagewesenen Abhängigkeit vom Deutschen Reich.

Kaiser Franz Joseph hatte sich den Erfordernissen gefügt, wohl wissend, dass er damit einen Teil seiner Souveränität an den deutschen Kaiser abtritt. Man ist auf deutsche Hilfe militärisch und wirtschaftlich angewiesen. Ohne diese Hilfe wären die k. u. k. Armeen nach den riesigen Verlusten des Jahres 1914 nicht mehr einsatzfähig gewesen.

Andererseits ist auch die Donaumonarchie für den deutschen Bündnispartner zur Deckung seiner Südostflanke unentbehrlich.

Die österreichisch-ungarische Kriegswirtschaft wird ebenfalls ab September 1916 im Rahmen der Gemeinsamen Obersten Heeresleitung durch die Einbindung in das Hindenburg-Programm an deutschen Normen ausgerichtet und zu erhöhten Leistungen verpflichtet[9].

Der Tod von Kaiser Franz Joseph, einer Symbolfigur des Bündnisses mit dem Deutschen Reich, wird vom deutschen Partner als großer Verlust empfunden.

Der deutsche Kaiser Wilhelm II. (1859–1941, deutscher Kaiser und König von Preußen 1888–1918), 1916 also 57 Jahre alt, steht nun nicht mehr dem hochbetagten Monarchen „alter Schule", sondern dem 29-jährigen Kaiser Karl gegenüber. Der Generationsunterschied zwischen den verbündeten Herrschern hat sich umgekehrt – Kaiser Karl ist nun der „Juniorpartner" für Kaiser Wilhelm – mit allen Unsicherheiten, die mit einem neuen und jüngeren Partner eben verbunden sind.

Seit seiner Thronfolgerzeit ist bekannt, dass er den Deutschen keine großen Sympathien entgegenbringt.

Kaiser Karl will seinen Völkern vor allem den Frieden bringen, gleichzeitig auch die Monarchie reformieren und die deutsche Dominanz abschütteln[10].

Bei den Deutschen gilt er somit als unverlässlicher Bündnispartner und es wird um seine Person ein regelrechter Nachrichtendienst aufgezogen.

In Verfolgung seines vorrangigen Zieles, ein „Friedenskaiser" zu werden, bemüht sich der junge Monarch von Anfang an um Befriedung im Inneren und um Frieden mit der Entente, um Desintegration und soziale Revolution von der Donaumonarchie abzuwehren. Er will auch die Reichsdeutschen veranlassen, die Friedenspolitik, die auf „Verständigungsfrieden“ statt auf „Siegfrieden“ gerichtet ist, mitzumachen[11].

Belastend für die allgemeine Stimmung in Österreich-Ungarn ist die Lebensmittelknappheit, die besonders die westliche Reichshälfte und hier wieder vor allem die Städte und Industriereviere betrifft.

Die Bewirtschaftung der Lebensmittel mit Hilfe eines Kartensystems funktioniert nicht zufriedenstellend; ungarischer Egoismus und der häufige Ausfall agrarischer Überschussgebiete (Galizien und die Bukowina) durch Kampfhandlungen steigern die Notlage[12].

Kaiser Karl, der nicht wie sein Vorgänger in Schönbrunn, sondern in Laxenburg residiert, geht angesichts der drängenden und vielfältigen Probleme rasch und zielstrebig ans Werk.

Als erste einschneidende Maßnahme übernimmt er persönlich das Oberkommando über die gesamten Streitkräfte der Monarchie und löst damit den bisherigen Oberkommandanten Erzherzog Friedrich (1856–1936) ab.

Am 2. Dezember 1916, an jenem Tag, der seit 1849 als Tag der Thronbesteigung des Kaisers Franz Joseph gefeiert wird, geht der Armee- und Flottenbefehl zur Übernahme des persönlichen Oberkommandos hinaus.

Noch am Abend des 2. Dezember reist Kaiser Karl nach Teschen ab, um das dort stationierte österreichisch-ungarische Armeeoberkommando zu inspizieren.

Aus der Thronfolgerzeit ist dem verantwortungsbewussten Monarchen die Eigenständigkeit und Frontferne des Generalstabschefs Conrad von Hötzendorf bekannt, ebenso die Tatsache, dass in Teschen mitten im Krieg flott gelebt und „champagnisiert“ wird. Dass mit dem Thronwechsel eine Änderung bevorsteht, dürfte wohl allen Beteiligten klar sein.

Doch vorher ergeht noch, als Ergänzung zu dem Armee- und Flottenbefehl vom 2. Dezember, ein Allerhöchstes Befehlsschreiben an den Stellvertreter der Armeeoberkommandos, datiert mit 4. Dezember 1916:

„Anlässlich der Übernahme des AOK.s verfüge ICH:

1.) Alle wichtigen operativen Entscheidungen behalte ICH MIR vor.
2.) Laufende minder wichtige operative Anordnungen sind, soferne sie nicht wie bisher vom Chef des Gstbs. unterschrieben werden, von MEINEM Stellvertreter – in beiden Fällen „Auf AH. Befehl“ – zu fertigen.
3.) MEIN Stellvertreter ist unbedingt von allen getroffenen Anordnungen in Kenntnis zu halten.
4.) Alle wichtigeren innerpolitischen und besonders die auf die Regelung der Verhältnisse in Polen bezugnehmenden Angelegenheiten, sind MIR zur Entscheidung zu unterbreiten.
5.) Falls ICH mich nicht im Standorte MEINES Stellvertreters aufhalte, sind MIR alle Meldungen, Berichte und Anträge des Chefs des Gstbs. im Wege MEINER Militärkanzlei einzusenden, erforderlichenfalls hat sich MEIN Stellvertreter oder der Chef des Gstbs. zu MIR zu begeben oder ein vollkommen eingeweihtes Organ zur mündlichen Berichterstattung zu entsenden.

VOLKSHYMNE

Gott erhalte, Gott beschütze
unsern Kaiser, unser Land!
Mächtig durch des Glaubens Stütze
führ' Er uns mit weiser Hand!
Laßt uns Seiner Väter Krone
schirmen wider jeden Feind:
Innig bleibt mit Habsburgs Throne
Österreichs Geschick vereint.

Fromm und bieder, wahr und offen
laßt für Recht und Pflicht uns steh'n;
laßt, wenn's gilt, mit frohem Hoffen
mutvoll in den Kampf uns geh'n!
Eingedenk der Lorbeerreiser,
die das Heer so oft sich wand,
Gut und Blut für unsern Kaiser,
Gut und Blut fürs Vaterland!

Was des Bürgers Fleiß geschaffen,
schütze treu des Kriegers Kraft;
mit des Geistes heitern Waffen
siege Kunst und Wissenschaft!
Segen sei dem Land beschieden
und sein Ruhm dem Segen gleich:
Gottes Sonne strahl' in Frieden
auf ein glücklich Österreich!

Laßt uns fest zusammenhalten:
In der Eintracht liegt die Macht;
mit vereinter Kräfte Walten
wird das Schwerste leicht vollbracht.
Laßt uns, eins durch Brüderbande,
gleichem Ziel entgegengeh'n;
Heil dem Kaiser, Heil dem Lande:
Österreich wird ewig steh'n!

Abb. 23: Volkshymne.
Der seit März 1854 in Verwendung stehende Text bleibt bis November 1918 unverändert

6361

Nr. 222.
5. Dezember 1916.

**Personal-
angelegenheiten.**

Verordnungsblatt für das k. u. k. Heer.

Allerhöchste Entschließung.

Seine k. u. k. Apostolische Majestät geruhten allergnädigst
den nachstehenden Allerhöchsten Armee- und Flottenbefehl zu erlassen:

Armee- und Flottenbefehl.

In Ausübung **Meiner** Herrscherrechte übernehme **Ich** das Armee-Oberkommando und hiemit den Oberbefehl über die gesamten Streitkräfte **Meiner** Armee und **Meiner** Flotte.

Zu **Meinem** Stellvertreter im Armee-Oberkommando bestimme **Ich** den Feldmarschall Erzherzog **Friedrich**.

Wien, am 2. Dezember 1916.

Karl m. p.

(Präs. Nr. 32832, vom 3. Dez. 1916.)

(Sechsundsechzigster Jahrgang.)

68–8 / 8 ex 1916

920

Abb. 24: Armee- und Flottenbefehl vom 2. Dezember 1916

6.) Veränderungen auf Kommandoposten vom Divisionär aufwärts behalte ich MIR vor.
7.) Enthebungen vom Brigadier aufwärts sind MIR samt der Ersatzverfügung sofort begründet zu melden. Das Abgehen des Enthobenen ins Hinterland erfolgt erst nach MEINER diesbezüglichen Entscheidung.
8.) Bei MEINER zeitweiligen Abwesenheit von Wien sind die Situationsmeldungen unbeschadet der direkten Vorlage an MICH, auch MEINER Militärkanzlei in Wien kontinuierlich einzusenden.
9.) Die Auszeichnungsanträge sind wie bisher MIR zu unterbreiten.
10.) Das dem bisherigen Armeeoberkommandanten zugestandene Recht, außertourliche Beförderungen vorzunehmen, Tapferkeitsmedaillen zu verleihen, ferner Armeeoberkommando-Belobungen zu erteilen, letzteres insoferne sie einzelne Mannschaftspersonen betreffen, übertrage ICH auf MEINEN Stellvertreter. Die diesbezüglich getroffenen Verfügungen sind MIR im Wege MEINER Militärkanzlei vorzulegen.“ K [13]

Die Richtlinien sind damit vorgegeben.

Entgegen den bisherigen Gepflogenheiten wird Kaiser Karl auch höchst aktiv in strategische und operative Entscheidungen eingreifen, was für den Generalstab völlig neu und ungewohnt ist[14].

Kaiser Karl ist nun Monarch, Oberster Kriegsherr und Armeeoberkommandant in einer Person.

Die von ihm gewünschte Einheit von Politik und Kriegführung ist damit ebenfalls gegeben.

Beim deutschen Verbündeten herrscht dagegen weiterhin ein ständiges Tauziehen zwischen politischer und militärischer Führung.

Mit dem persönlich ausgeübten Oberkommando will Kaiser Karl auch seinen Machtanspruch gegenüber Wilhelm II. geltend machen[15]. Feldmarschallleutnant Alois Klepsch-Kloth (1863–1957), von 1915 bis 1918 k. u. k. Delegierter im Deutschen Großen Hauptquartier, ist bestrebt, sich aus nächster Nähe ein ausgewogenes Urteil über den Monarchen zu bilden.

Nach dem Ende des Krieges verbringt er seinen Lebensabend in Baden und schreibt dort im 93. Lebensjahr persönliche Erinnerungen nieder.

Er würdigt das tadellos korrekte Leben des Erzherzogs als Thronfolger und seine glückliche Ehe.

Kritisch merkt er hingegen die zu wenig intensive Vorbereitung auf das Herrscheramt an und seine mangelnde Bereitschaft als Kaiser, sich dem Rat erfahrener und wohlorientierter Persönlichkeiten zu fügen.

Ebenso ungünstig beurteilt er die direkten Einflussnahmen des Herrschers auf militärischem Gebiet, weiters die Enthebung von Feldmarschall Conrad (1852–1925) und die Berufung von General Arz (1857–1935) zum neuen Chef des Generalstabes[16].

19. Ein neuer Beginn

In der Proklamation des Kaisers Karl vom 21. November 1916 „AN MEINE VÖLKER!" heißt es unter anderem:

... „Ich will alles tun, um die Schrecknisse und Opfer des Krieges in ehester Frist zu bannen, die schwervermißten Segnungen des Friedens Meinen Völkern zurückzugewinnen, sobald es die Ehre unsrer Waffen, die Lebensbedingungen Meiner Staaten und ihrer treuen Verbündeten und der Trotz unsrer Feinde gestatten werden." ...[1]

Doch vorerst werden die zu lösenden Probleme von dem glanzvollen Ereignis der Krönung von Karl und Zita zum König und zur Königin von Ungarn überstrahlt.

Nur fünf Wochen nach dem Regierungsantritt und nach eiliger Vorbereitung findet die Zeremonie am 30. Dezember 1916 in Budapest statt.

Die ungarischen Krönungsinsignien gehören zu den ältesten in Europa – die Stephanskrone und der Krönungsmantel stammen aus dem 11. Jahrhundert. Der erste ungarische König, Stephan der Heilige, soll die Krone von Papst Sylvester II. an der Wende des 10. Jahrhunderts erhalten haben. Seit damals gilt sie als heiliges Symbol. Nur die Krönung mit der Stephanskrone bewirkt die legitime Herrschaft eines ungarischen Königs und seine unlösbare Verbindung mit dem Volk.

Die althergebrachte ungarische Krönungsliturgie beginnt mit der Salbung, die eine Kraftübertragung anzeigt und sich als gebräuchlicher Ritus vom alten Orient herleitet.

Es folgt die Übernahme des entblößten Schwertes St. Stephans, die Krönung mit der heiligen Stephanskrone, die Inthronisation, und unter freiem Himmel die Eidesleistung vor der Krönungskirche.

Dann bewegt sich der berittene Zug zum Königshügel, von wo der Neugekrönte nach uraltem Brauch mit dem Schwert des Heiligen Stephan vier Streiche nach den vier Himmelsrichtungen führt[2].

Mit der Krönung zum ungarischen König Karl IV. lebt das prunkvolle und symbolträchtige Zeremoniell im Jahre 1916 zum letzten Mal auf.

Die ungarischen Magnatenfamilien in prächtiger Kleidung und kostbarem Schmuck bilden den Rahmen. Es ist der letzte Nachhall der Vergangenheit.

In Anbetracht des Krieges verlässt der Neugekrönte die ungarische Hauptstadt noch am selben Tag.

Realer Hintergrund des großartigen Schauspiels ist die Tatsache, dass der Monarch nach ungarischem Staatsrecht nun voll handlungsfähig und an die ungarische Verfassung gebunden ist[3].

Wie sehr die Tradition der Stephanskrone noch im allgemeinen Bewusstsein der Ungarn verankert ist, beweisen Zeitungsmeldungen zu Beginn des Jahres 2000.

Die Tageszeitung „Die Presse" berichtet am 3. Jänner:

„In Ungarn begann das neue Jahr mit einem öffentlichen Andenken an den zum römischen Christentum bekehrten König Stephan. Er wurde zu Weihnachten 1000 zum ersten gekrönten Herrscher des Landes gesalbt. Seine Krönungsinsignien wur-

KARL I.

von Gottes Gnaden

Kaiser von Österreich,

apostolischer König von Ungarn

König von Böhmen, von Dalmatien, Kroatien,
Slawonien, Galizien, Lodomerien und Illyrien;
König von Jerusalem;
Erzherzog von Österreich;
Großherzog von Toscana und Krakau;
Herzog von Lothringen, von Salzburg, Steyer,
Kärnten, Krain und der Bukowina;
Großfürst von Siebenbürgen,
Markgraf von Mähren;
Herzog von Ober- und Niederschlesien,
von Modena, Parma, Piacenza und Guastalla,
von Auschwitz und Zator, von Teschen, Friaul,
Ragusa und Zara;
gefürsteter Graf von Habsburg und Tirol,
von Kyburg, Görz und Gradiska;
Fürst von Trient und Brixen;
Markgraf von Ober- und Nieder-Lausitz
und in Istrien;
Graf von Hohenembs, Feldkirch, Bregenz,
Sonnenberg;
Herr von Triest, von Cattaro,
und auf der windischen Mark;
Großwojwod der Wojwodschaft Serbien etc., etc.

Abb. 25: Der Große Titel des neuen Herrschers

Abb. 26: Die Stephanskrone

den in feierlicher Form aus dem Nationalmuseum mit Pomp in das Parlamentsgebäude überführt, der Weg war gesäumt von Tausenden Zuschauern. Politiker und kirchliche Würdenträger wiesen auf die Bedeutung der Sankt-Stephans-Krone als Symbol für das nationale Zusammengehörigkeitsgefühl aller Ungarn hin."[4]

Und der „Neue Pester Lloyd" leitet seinen ausführlichen Bericht mit dem Satz ein:

„Als feierlicher Auftakt zum Milleniumsjahr wurde am 1. Januar die Heilige Stephanskrone vom Nationalmuseum ins Parlamentsgebäude überführt und mit einer Festsitzung des Hauses geehrt."[5] (...)

20. Die Verlegung des Armeeoberkommandos

Am 5. Dezember 1916 folgt der Befehl über die Verlegung des Armeeoberkommandos von Teschen nach Baden bei Wien.

Teschen ist von der Deutschen Obersten Heeresleitung in Pless nur 1 ¼ Autostunden entfernt, von Baden nach Pless ist es hingegen eine Tagesreise[1].

In einem ausführlichen Schreiben an die Militärkanzlei vom 10. Dezember 1916 erhebt Generalstabschef Conrad Einwendungen:

„Ich bitte SEINER MAJESTÄT zu melden, daß die mit der Quartierregulierung betrauten Offiziere aus BADEN rückgekehrt sind und für die Unterbringung des AOK. in BADEN, der Quartiermeisterabteilung in VÖSLAU, für sonstige Bestandteile des AOK. in TRAISKIRCHEN Unterkünfte ausgemittelt haben.

Bei der einschneidenden Bedeutung, welche die Verlegung des AOK. von TESCHEN hat, sehe ich es jedoch als meine unabweisliche Pflicht an, erneuert auf die schweren Bedenken hinzuweisen, welche gegen diese Maßnahme bestehen; es würde mir bei der großen Verantwortlichkeit meiner Stellung in Hinsicht der Leitung des Gesamtkrieges als ein Versäumnis erscheinen, wenn ich dies unterließe.

Die gegen die Verlegung sprechenden Gründe sind folgende:

Als es unsererseits endlich gelungen war, bei der deutschen Obersten Heeresleitung die ausschlaggebende Bedeutung des östlichen Kriegsschauplatzes zur Anerkennung und damit jenes großzügige gemeinsame Wirken zustande zu bringen, welchem die bisherigen Erfolge zu danken sind, hatte die Deutsche Oberste Heeresleitung ihre Übersiedlung nach PLESS vorgenommen und sich hier seit der Ernennung des GFM. von HINDENBURG zum Chef des Generalstabes noch stabiler und mit allen zugehörigen Stellen etabliert.

Diese, auf ein gemeinsames Bedürfnis basierte und durchaus bewährte Zusammenführung der beiderseitigen Obersten Heeresleitungen würde nun wieder aufgehoben.

Bei der geringen Entfernung zwischen TESCHEN und PLESS (1 ¼ Stunden Autofahrt) war es jederzeit möglich, dringliche und wichtige Fragen ohne großen Zeitverlust sofort mündlich zu erledigen. Viele dieser Fragen sind aber auf den mündlichen Kontakt geradezu angewiesen, weil nur in Rede und sofortiger Gegenrede – also im ununterbrochenen Meinungsaustausch – ein rasches und gedeihliches Einvernehmen zu erzielen ist. Dies machte sich nicht nur für Ausgleich von Gegensätzen, sondern ganz besonders bei der Festlegung der operativen Maßnahmen vorteilhaft geltend. Dieser Vorteil wird jetzt gänzlich fehlen, da mit der Reise zwischen BADEN und PLESS viel zu viel Zeit verloren geht. Selbst bei raschester Separat-Zugsverbindung und nur dreistündigem Aufenthalte in PLESS werden 20 Stunden in Anspruch genommen. Dies schließt ein häufiges Hin- und Herreisen aus.

Zweifellos wird dadurch die direkte mündliche Vertretung unserer Interessen sowie unsere Einflußnahme auf die Gesamtkriegführung – insbesondere in Anbetracht der dem deutschen Kaiser zugesagten entscheidenden Rolle in strittigen Fragen – wesentlich eingeschränkt, während die auf dem Kriegsschauplatze und damit der russischen Front viel näher verbleibende Deutsche Oberste Heeresleitung eine prädominiernde Stellung erlangt, was nicht nur unserer Sache, sondern auch dem Prestige der Monarchie und unserer Armee empfindlich schaden wird.

Es hat seinerzeit, als der gemeinsame Oberbefehl konstruiert wurde, ohnehin nicht an Stimmen gefehlt, welche von einem gänzlichen Abdanken des AOK. sprachen: – diese unserem Ansehen so abträgliche Auslegung erhält mit der Verlegung nach BADEN neue Nahrung. Unsere Truppen an der russischen Front werden sich dem deutschen Kommando und dem deutschen Einflusse näher fühlen als dem eigenen.

Eine sehr bedenkliche Auslegung wird dieses Weggehen aus der Nähe von PLESS – (wo die Deutsche Oberste Heeresleitung auch weiter unentwegt bleibt) – bei den Neutralen und bei unseren Gegnern auslösen, indem dieselben darin einen Riß in dem Einvernehmen erblicken werden, welches uns bisher mit DEUTSCHLAND verband. Es ist klar, daß sie dies als ein Schwächemoment der Zentralstaaten auffassen und daraus für ihr Verhalten die Konsequenzen im Sinne einer Unnachgiebigkeit und eines umso schärferen Fortführens des Krieges ziehen werden.

Aber auch bei uns im Innern wird die Sache von jenen Parteien, welchen ein Bruch zwischen uns und DEUTSCHLAND willkommen wäre, im obigen Sinne aufgefaßt und als Basis für Bestrebungen benützt werden, die insbesonders während des Krieges sehr schädlich werden könnten.

Der in TESCHEN eingerichtete Befehlsapparat ist das Resultat zwei-Jahrelanger, aus der Praxis heraus entstandener Maßnahmen, welche überdies mit kostspieligen Herrichtungen verbunden waren, die jetzt verloren gehen, in BADEN aber mit großen Kosten wieder neu geschaffen werden müssen.

Insbesondere betrifft dies auch das komplizierte, aber vorzüglich funktionierende System der telegrafischen Verbindungen. Die Übertragung desselben auf BADEN erfordert eine große, mehrwöchentliche Arbeit, – das dafür erforderliche Personal und Material geht für die dringlichen Arbeiten auf den Kriegsschauplätzen verloren, was umso schwerwiegender ist, als sowohl an Personal, besonders aber an Material bereits empfindlicher Mangel herrscht. Für die rasche Beistellung des erforderlichen Telegrafendrahtes muß deshalb beispielsweise die Erzeugung des für den Stellungsausbau so dringend notwendigen Stacheldrahtes teilweise eingestellt werden.

Schließlich habe ich Kenntnis, daß die Wegverlegung des AOK. aus der Nähe von Pless in Kreisen der Deutschen Obersten Heeresleitung überrascht und befremdend gewirkt hat.

Conrad Fm“[2]

Der Widerstand des Generalstabschefs, der sich in dem bewusst zur Gänze zitierten Schreiben dokumentiert, ist völlig zwecklos und vertieft nur die Kluft zwischen ihm und seinem Monarchen.

Die Verlegung des Armeeoberkommandos ist beschlossene Sache und die Vorbereitungen hiefür beginnen im Einvernehmen mit dem Kriegsministerium an ebendiesem 10. Dezember 1916, noch dazu mit höchster Dringlichkeitsstufe versehen.

Gemäß Verfügung werden alle Offiziere und Mannschaft, welche nicht speziell die Badener Kur benötigen, von Baden verlegt. Ein Bauingenieur und

Transportfahrzeuge werden nach Baden abkommandiert und für die Unterbringung der zum AOK. gehörigen Pferde ist ebenfall Vorsorge getroffen[3].

Loslösungsbestrebungen vom Deutschen Reich, verbunden mit der räumlichen Distanzierung des Armeeoberkommandos, ein neuer Regierungsstil und bald auch neue Berater sollen Kaiser Karl helfen, einen Freiraum für seine eigenständige Friedenspolitik zu schaffen[4].

21. Badens Stadtväter

Und wie reagieren Badens Stadtväter auf die überraschend zuteil gewordene Ehre?

Vorerst beruft Bürgermeister Dr. Franz Trenner (1904–1919, von Beruf Arzt) für den **8. Dezember 1916** (Feiertag) eine außerordentliche und vertrauliche Sitzung ein. Diese findet unmittelbar nach dem Hochamt in der Stadtpfarrkirche anlässlich der Thronbesteigung von Kaiser Karl statt.

Die ersten Mitteilungen sind von lebhaften „Bravo"- und „Heil"-Rufen und von allgemeinem Applaus begleitet.

Das „Kaiserhaus", die ehemalige Sommerresidenz von Kaiser Franz, ist für das Allerhöchste Hoflager, das heißt für den Aufenthalt des Kaisers, vorgesehen.

Für die zum Armeeoberkommando gehörenden Dienststellen werden zahlreiche Gebäude benötigt, so dass allein schon der Raumbedarf einen wesentlichen Eingriff in den Badener Alltag bedeutet. Zuerst muss das große Schulgebäude am Pfarrplatz vollständig geräumt und für Büros adaptiert werden.

Weiters sind für ca. 250 Offiziere, zusätzlich für Unteroffiziere und Schreibkräfte sowie für ein Bataillon Stabswache Unterkünfte zu schaffen[1].

In der nächsten Sitzung des Gemeindeausschusses am **15. Dezember** kann der Bürgermeister bereits über erzielte Ergebnisse und neue Perspektiven berichten.

Baden als Sitz des Armeeoberkommandos zählt nun zum Kriegsgebiet – ist somit Sperrgebiet – und wird verstärkten Kontrollen und Pflichten unterworfen.

Die Angehörigen feindlicher Nationen – im Badener Bezirk ca. 1200 – müssen entfernt werden. Alle Einwohner Badens und alle Kur- und Sommergäste benötigen Legitimationen und sind zur jederzeitigen Ausweisleistung verpflichtet.

Überdies ist ein neuer Bezirkshauptmann in der Person des Alexander Bosizio Ritter von Thurnberg und Jungenegg angesagt[2]. Ihm eilt der Ruf eines „energischen Herrn" voraus.

In einer weiteren Gemeindeausschuss-Versammlung vom **15. Dezember** berichtet der Vorsitzende bereits über jene Gebäude, die nach dem Kriegsleistungsgesetz von der Heeresleitung in Anspruch genommen werden und bei mangelndem Einvernehmen auch requiriert werden können.

Für die Unterbringung der Offiziere hat die Stadt ein Hotel mit 40 Zimmern und zusätzlich 150 Einzelzimmer in Privathäusern, Hotels oder Pensionen sowie eine Hotelküche für die Verpflegung der Offiziere zur Verfügung zu stellen.

Da die Vergütung für die beanspruchten Gebäude und Wohnräume lediglich nach den Normen des Kriegsleistungsgesetzes erfolgt (und damit unter einem kurstadtmäßigen Preisniveau), beabsichtigt die Gemeinde, jene Mitbürger, welche durch die Beistellung von Wohnräumen für Militärpersonen belastet sind, nach Möglichkeit zu unterstützen[3].

Nach dem umfangreichen Protokoll über die vertrauliche Besprechung der Gemeindevertretung Badens am **29. Dezember** sind die Vorbereitungen für die Unterbringung der Heeresstellen weitgehend abgeschlossen.

Die zahlreichen Abteilungen und Einrichtungen des Armee-Oberkommandos verteilen sich fast ausschließlich im Stadtgebiet von Baden.

Nur das Generalquartiermeisteramt ist im benachbarten Bad Vöslau und das Reitpferde-Detachement in der Artillerie-Kadettenschule Traiskirchen (derzeit Flüchtlingslager) „ausgelagert“.

Von den städtischen Objekten stehen der Heeresverwaltung unter anderem ab sofort das Schulgebäude am Pfarrplatz und die Bade- und Kuranstalt zur Verfügung. Auch sind mehrere Hotels ganz oder teilweise belegt.

Zur geringen Freude des Bürgermeisters sollen ausgerechnet auf dem Sportplatz für die Unterbringung der Mannschaft, und zwar für 1000 Personen, vom Armee-Oberkommando fünf Baracken neu gebaut und innerhalb kürzester Frist mit der Errichtung begonnen werden.

Gelegentlich bemerkt der Bürgermeister: (...) „jetzt in Kriegszeiten sind wir Zivilisten die armen Waserl“.

Als Folge des verschärften Meldewesens hat sich jedermann neu anzumelden. Das personalmäßig erheblich verstärkte Meldungsamt ist in einem beschlagnahmten Gebäude in der Nähe des Bahnhofes untergebracht.

Die angekündigte und für Baden neue k. u. k. Gendarmerieabteilung und die Bahnhof-Kompagnie von 70 Mann erhöhen den Raum- und Quartierbedarf noch zusätzlich[4].

Nach arbeits- und ereignisreichen Wochen ist die Kurstadt für ihre neue Funktion, die vielfach auch als Ehre empfunden wird, trotz aller Schwierigkeiten bestmöglich gerüstet.

Mit der Genugtuung, dass Baden nun wieder „Kaiserstadt“ wird, verbindet sich die Hoffnung des Bürgermeisters auf künftige bessere Versorgung mit den lebens- und überlebenswichtigen Produkten Kohle und Mehl.

22. Eine Stadt im Banne des Militärs

Mit dem Eintreffen des Armeeoberkommandos und seinen zahlreichen Abteilungen erhält die Stadt mit ihren rund 20.000 Einwohnern ein bis dahin ungewohntes militärisches Gepräge, das bereits am Bahnhof höchst augenfällig wird.

Die Verlegung von Teschen nach Baden ist innerhalb eines Monats vollzogen. Anfang Jänner 1917 treffen die Offiziere in Baden ein und nehmen am 7. Jänner den Dienst auf.

Für das komplizierte Gefüge der Kriegsleitung eines 50-Millionen-Reiches wurden zahlreiche Objekte freigemacht:

Abb. 27: Der Badener Bahnhof im Ersten Weltkrieg

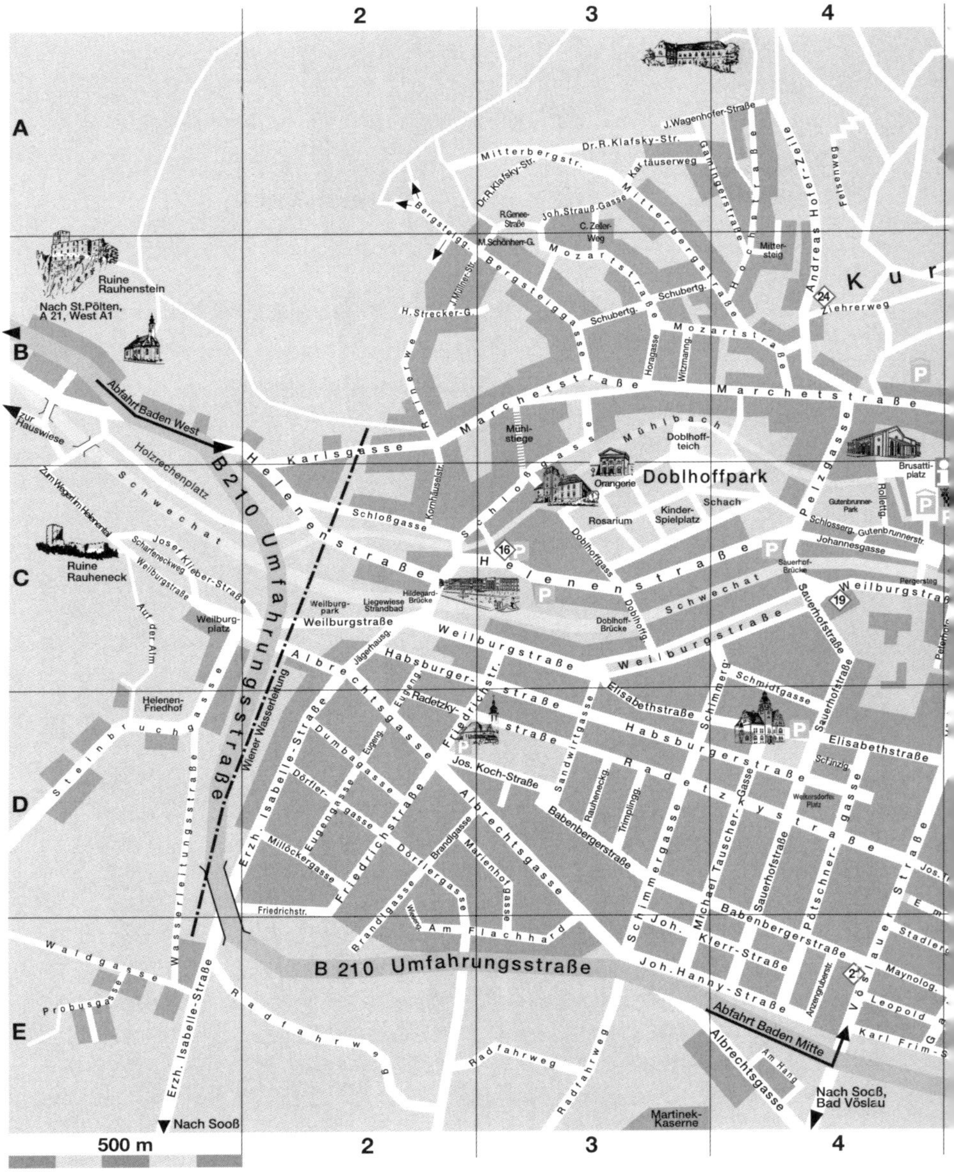

Abb. 28: Die Abteilungen des Armeeoberkommandos in Baden.

◇1 Ah. Hoflager
◇2 Rechnungskanzlei
◇3 Operationsabteilung u. a.
◇4 Nachrichtenabteilung
◇5 Personen–Automobile
◇6 K. u. k. Offiziersmesse
◇7 Präsidialabteilung u. a.
◇8 Verpflegungsgruppe
◇9 Last-Auto-Truppe
◇10 K. u. k. Feldpost 11

(Die Standorte 9 und 11 konnten nicht zugeordnet werden)

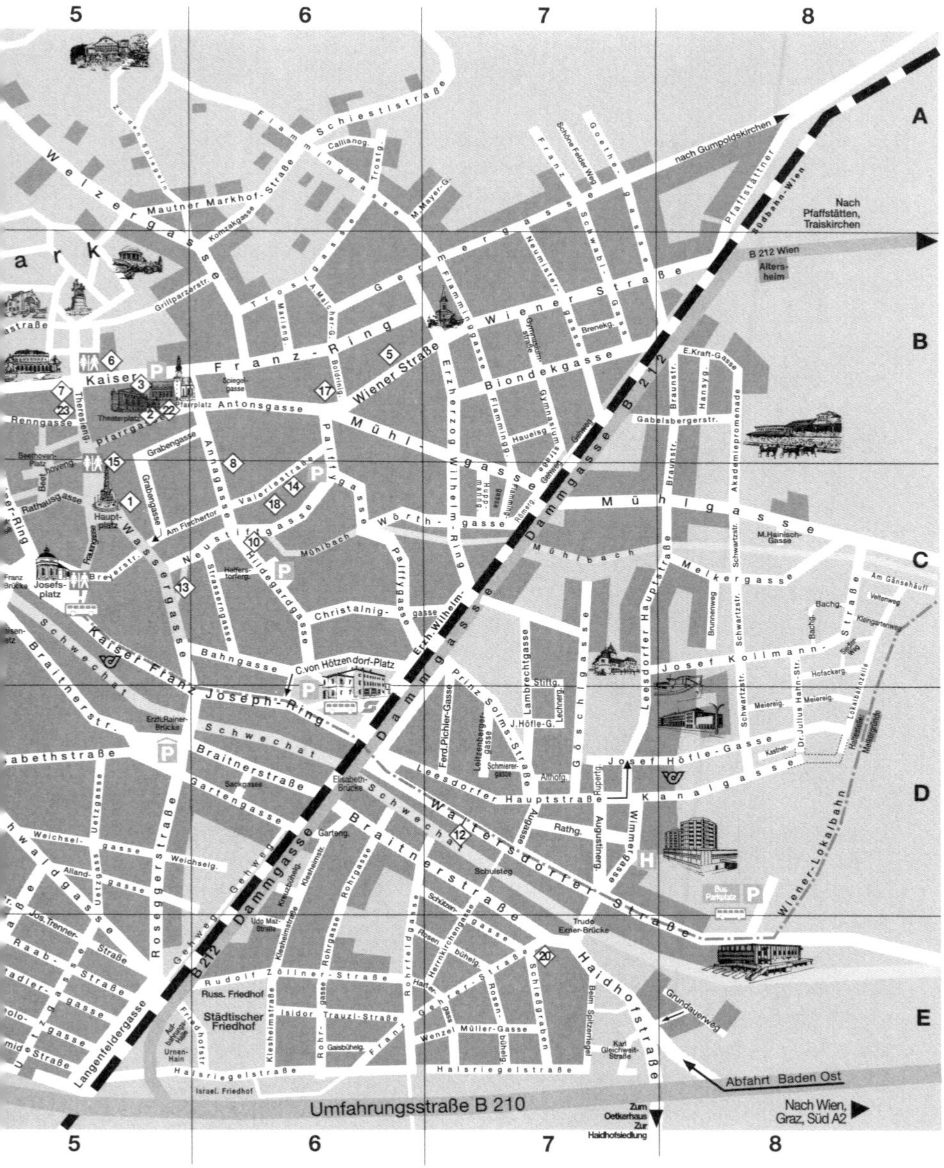

⑪ K. u. k. Stabskompagnie
⑫ Trainfuhrenpark
⑬ Proviantur
⑭ Offiziers-Wohngebäude
⑮ Operationsabteilung
⑯ Chef des Feld-Eisenbahnwesens u. a.
⑰ Telephon-Abteilung
⑱ K. u. k. Gendarmerieabteilung
⑲ Ärztliches Dienstzimmer
⑳ Quartier der Trainfuhrenkutscher
㉑ K. u. k. Infanterie-Bataillon V./73
㉒ Hauptwache
㉓ Chef des Generalstabes u. a.
㉔ Offizierswohnungen

1.	**Kaiserhaus**	**Allerhöchstes Hoflager**	Hauptplatz 17 (jetzt Wohn- und Geschäftsgebäude)
2.	**Batzenhäusel**	**Rechnungskanzlei**	Theaterplatz 9 (jetzt Café-Restaurant)
3.	**Pfarrschule** (Volksschulen)	**Operations- und Präsidialabteilung, Platzkommando, Deutsche, Türkische und Bulgarische Mission**	Pfarrplatz 1–3
4.	**Pension Karolinenhof**	**Nachrichtenabteilung**	Pergerstraße 15 (jetzt Wohngebäude)
5.	**Mercedes Garage**	**Personen-Automobile des AOK.**	Wiener Straße
6.	**Städtisches Kurhaus**	**K. u. k. Offiziersmesse**	Kaiser Franz-Ring 5 (jetzt Parkhotel)
7.	**Emilienhof**	**Präsidialabteilung, Auszeichnungsgruppe**	Theresiengasse 10–12 (jetzt Wohngebäude „Metternichhof")
8.	**Hotel Kummer**	**Verpflegsgruppe des AOK.**	Annagasse 6 (jetzt Wohngebäude)
9.	**Oefag Garage**	**Last-Auto-Truppe des AOK.**	?
10.		**K. u. k. Feldpost 11**	Hildegardgasse 2 / Neustiftgasse 10 (jetzt Wohngebäude)
11.		**K. u. k. Stabskompagnie**	?
12.	**Heu- und Strohmarkt**	**Trainfuhrenpark des AOK.**	Waltersdorfer Straße 34 (jetzt Wohngebäude „Kollmannhof")
13.	**Hotel Kolbe**	**Proviantur des AOK.**	Wassergasse 31 / Strasserngasse 6 (jetzt Wohngebäude)
14.	**Staatsbeamtenheim**	**Offiziers-Wohngebäude des AOK.**	Valeriestraße 12 (jetzt Wohngebäude)
15.	**Hotel-Restaurant „Goldener Hirsch"**	**Operationsabteilung**	Hauptplatz 12 (jetzt Bank- und Geschäftsgebäude)
16.	**Hotel Esplanade**	**Chef des Feld-Eisenbahnwesens, Chef des Feld-Telegraphenwesens**	Helenenstraße 40
17.	**Boldrini-Haus**	**Telephon-Abteilung**	Boldrinigasse 1 / Antonsgasse 25
18.	**Gesellenheim**	**K. u. k. Gendarmerieabteilung**	Valeriestraße 10 (jetzt Kolpingheim)
19.	**Gesellschaft vom Weißen Kreuz**	**Ärztliches Dienstzimmer des AOK.**	Weilburgstraße 13a (jetzt „Hilde Wagener-Heim", Altersheim für Künstler)
20.	**Schießstätte**	**Quartier der Trainfuhrenkutscher des AOK.**	Schießgraben 1 (jetzt Supermarktgebäude)

21.	**Barackenlager, neu erbaut vom AOK.**	**K. u. k. Infanterie-Bataillon V./ 73**	Vöslauer Straße (entspricht etwa dem Areal der derzeitigen Wohngebäude Vöslauer Straße 74–80)
22.	**Jubiläums-Stadttheater**	**Hauptwache des AOK.**	Theaterplatz 7
23.	**Hotel Herzoghof**	**Quartier des Chefs des Generalstabes, Mission: Deutsch, Bulgarisch, Türkisch**	Theresiengasse 5
24.	**Musikerheim „Carl Michael Ziehrer-Haus“**	**Offizierswohnungen des AOK.**	Ziehrerweg 1[1]

Zusätzlich wohnen Offiziere in verschiedenen Hotels.

Das Reitpferde-Detachement des AOK. wird unweit von Baden in der Artillerie-Kadettenschule Traiskirchen (jetzt Flüchtlingslager) untergebracht.

Das Generalquartiermeisteramt befindet sich im benachbarten Bad Vöslau.

Die „Villa Löwenstein“, Kaiser Franz-Ring 7 (jetzt „Haus der Kunst“) dient repräsentativen Zwecken und ist für Empfänge und Audienzen vorgesehen.

Dank der im Stadtarchiv Baden vorhandenen Photographien und mit Hilfe von Auskunftserteilungen und Begehungen konnten die Standorte des Armeeoberkommandos weitestgehend ermittelt und auf einem Stadtplan ersichtlich gemacht werden.

Der erste Aufenthalt von Kaiser Karl in Baden am 8. Jänner 1917, welcher der Inspektion des Armeeoberkommandos im neuen Standort gilt, wird vom Jubel der Bevölkerung begleitet. In den reich dekorierten Straßen bildet die Schuljugend Spalier und begrüßt den sichtlich erfreuten Monarchen während der ganzen Fahrt durch die Stadt mit lauten Huldigungen.

Bei dem vom Kaiser benützten Gebäude am Hauptplatz finden sich Feldmarschall Erzherzog Friedrich (1856–1936), Feldmarschall Conrad von Hötzendorf und die Spitzen der Behörden zur Begrüßung ein[2].

Wenig später berichtet die Badener Lokalpresse bereits, dass sich „die große Freude der gesamten Bevölkerung über die Anwesenheit des jugendlichen Kaisers von Tag zu Tag erhöht“.

Desgleichen ist eine herzliche Begrüßung zwischen Kaiser Karl und der mit dem Kronprinzen Otto und Prinzessin Adelheid ankommenden Kaiserin Zita Anlass für stürmische Huldigungen[3].

Noch einmal – wie vor hundert Jahren – schart sich Baden um „seinen“ Kaiser und zeigt sich loyal, trotz Krieg und Not.

23. Baden ist wieder „Kaiserstadt“

Das schlichte Gebäude auf dem Badener Hauptplatz ist nun wieder ein „Kaiserhaus“ im eigentlichen Sinne des Wortes und wird zu einer der Arbeitsstätten des Monarchen.

Im vorigen Jahrundert, nach der Errettung der Monarchie aus Napoleonischer Umklammerung, hatte es Kaiser Franz und seiner Familie als bescheiden-bürgerliche Residenz für Sommeraufenthalte gedient.

In den Jahren 1917 und 1918 ist es, dem Kriege entsprechend, nicht weniger einfach ausgestattet. Doch ringt jetzt hier, in der dramatisch veränderten Welt des 20. Jahrhunderts, ein Monarch um die Erhaltung des übernommenen Erbes.

Nach der Verlegung des Armeeoberkommandos nach Baden bezieht Kaiser Karl den Blauen Hof des Schlosses Laxenburg, wo auch seine Familie und die Suite untergebracht werden.

Von hier aus fährt der Kaiser morgens um $^3/_4$ 8 Uhr nach Baden und kehrt zu Mittag um 13 Uhr nach Laxenburg zurück.

Am Nachmittag gibt er Audienzen, bei schönem Wetter auch im Freien.

Im Normalfall sieht seine Tageseinteilung so aus:

7 Uhr: Wecken
$^1/_2$ 8 Uhr: Frühstück
9 bis 13 Uhr: Empfänge, Konferenzen (eventuell verbleibende Zeit wird der Familie gewidmet)
13 Uhr: Mittagessen
15 bis 19 Uhr: Empfänge, Konferenzen
20 Uhr: Abendessen
21 bis 23 oder 24 Uhr: Empfang des Chefs der Militärkanzlei und des Kabinettsdirektors.

Im Gegensatz zu seinem Vorgänger Franz Joseph bedient sich Kaiser Karl häufig des Telephons. Seine Minister und die hohen Beamten müssen gewärtig sein, untertags, wenn nötig auch nachts von ihm angerufen zu werden[1].

Eine Beschreibung der Räume verdanken wir Arthur Graf Polzer-Hoditz (1870–1945), den Kaiser Karl im Februar 1917 zum Leiter der Kabinettskanzlei ernennt.

Polzer-Hoditz erinnert sich an seine erste Audienz im Kaiserhaus am 1. Februar 1917:

„Das Kaiserhaus in Baden ist ein zwei Stock hohes Gebäude, welches mit seiner schlichten Fassade, dem auf zwei Säulen ruhenden Balkon, dem hellgelben Anstrich und den grün gestrichenen Fensterrahmen den Stempel der franciscäischen Biedermeierzeit deutlich an sich trägt. In seinen Räumlichkeiten ist es sehr beschränkt, und hat nur im ersten Stock einige größere Zimmer, von denen das mittlere, ein dreifenstriger, freundlicher Raum, als Arbeitszimmer des Kaisers diente. Daran schloß sich auf der einen Seite ein Speisezimmer, auf der anderen ein Schlafzimmer. Die anderen, gegen den Hof zu gelegenen Räume des ersten Stockes dienten der Flügeladjutantur, als Warteraum und als Kanzleien. Im zweiten Stockwerk

Abb. 29a: Das Arbeitszimmer Kaiser Karls im „Kaiserhaus" zu Baden.
Durch die offenstehende Tür des Arbeitszimmers blickt man in den Salon.

Abb. 29b: Das Schlafzimmer Kaiser Karls im „Kaiserhaus".

hatte der Generaladjutant Prinz Zdenko Lobkowitz zwei Zimmer zugewiesen. (...) Schildwachen standen vor dem Tor. Ein Gardeunteroffizier führte mich über die Stiege in das im ersten Stock gelegene Flügeladjutantenzimmer. (...) Der Flügeladjutant meldete mich an, und ich trat ein.

In der Mitte des Zimmers stand der Kaiser in feldgrauer Marschallsuniform.“[2]

Polzer-Hoditz, ein Jugendfreund des Monarchen, wird als Kabinettsdirektor bis zu seiner Demissionierung zur täglichen Umgebung des Kaisers gehören.

Der Wirkungskreis der Kabinettskanzlei erstreckt sich über die Gesamtmonarchie. Die Reichsratsländer und Ungarn sind durch eigene Beamte vertreten, so dass die Vielsprachigkeit des Habsburgerreiches in diesem Amt voll zur Anwendung kommt. Man bedient sich aller in Österreich und in Ungarn landesüblicher Sprachen, außerdem des Französischen und Englischen[3]. Mit der Ernennung zum Kabinettsdirektor ist automatisch die Kanzlerwürde des Ordens vom Goldenen Vlies verbunden – diese Stellung ist somit ein zweifaches Ehren- und Vertrauensamt[4].

Die Ernennung von Polzer-Hoditz ist kein Einzelfall.

Der Generationswechsel an der Spitze der Monarchie spiegelt sich in zahlreichen personellen Veränderungen.

Kaiser Karl beruft Persönlichkeiten in Schlüsselpositionen, die vom Ausbruch des Krieges unbelastet und bereit sind, seine Ziele mitzutragen.

Seit Dezember 1916 ist Ottokar Graf Czernin (1872–1932) als neuer Minister des Äußern und Minister des Kaiserlichen Hauses im Amt. Er ist der erste Mann im Rat des Kaisers und im engsten Einvernehmen mit ihm unablässig bestrebt, den für den Weiterbestand der Monarchie notwendigen Frieden zustande zu bringen.

Die innere Lage der Monarchie ist geprägt von allgemeiner Kriegsmüdigkeit und -verdrossenheit, von immer heftiger werdenden Forderungen und Protesten der Nationalitäten, von sozialen Forderungen der Arbeiterschaft und nicht zuletzt von Hunger und Not. Die Friedenssehnsucht ist hier stärker als im Deutschen Reich.

Die einzige Rettung vor dem Zusammenbruch sehen Kaiser Karl und Graf Czernin in einem sofortigen Frieden[5].

Dementsprechend häufig sind seine Audienzen bei Kaiser Karl in Baden.

Neuer Kriegsminister wird Rudolf Freiherr von Stöger-Steiner (1861–1921).

Der bisherige Leiter der Militärkanzlei wird durch Feldmarschallleutnant Ferdinand Freiherr von Marterer (1862–1919) ersetzt[6].

Nach dem überraschenden Tod des Flottenkommandanten Großadmiral Anton Haus im Februar 1917 (1851–1917) erhält Vizeadmiral Maximilian Njegovan (1858–1930) diesen Posten[7]. Ebenfalls im Februar erfolgt die Enthebung des Erzherzogs Friedrich vom Posten des Stellvertretenden Armeeoberkommandanten. Er wird zur „Allerhöchsten Disposition“ gestellt und bis Kriegsende nur mehr fallweise zu Inspektionsreisen ausgeschickt[8].

In konsequenter Durchsetzung seines neuen Kurses sieht sich Kaiser Karl schließlich noch zur Enthebung des bisherigen Generalstabschefs Franz Conrad von Hötzendorf (1852–1925) veranlasst. Er genießt bei den Offizieren hohes Ansehen und trägt den vielsagenden Beinamen „der Gottähnliche". (Seit 1915 ist der Bahnhofplatz von Baden nach ihm benannt[9] und trägt bis heute die Bezeichnung „Conrad von Hötzendorf-Platz".)

Gerade in dieser Stadt, die ihn als erste mit einer Platzbezeichnung geehrt hatte, erhält der nunmehr Fünfundsechzigjährige den Abschied von der höchsten militärischen Funktion.

Am 27. Februar 1917 meldet er sich in Audienz beim Kaiser. Es folgt das kaiserliche Handschreiben, datiert mit Baden, 1. März 1917, mit dem Conrad als Chef des Generalstabes abberufen wird und das Oberkommando an der Südwestfront gegen Italien erhält. Für seine Verdienste übergibt ihm der Monarch das Großkreuz des Militär-Maria-Theresien-Ordens und als besondere Geste jenes Exemplar, das er selbst trägt.

Conrad verlässt Baden, wo er sich – möglicherweise wegen der allzu großen Nähe des Kaisers – von Anfang an eingeschränkt gefühlt hatte. (Karl verbot den Offizieren Spazierritte in Baden und stellte ihnen auch andere Vergünstigungen, die in Teschen üblich waren, ein.)

Nachfolger wird General Arthur Freiherr Arz von Straußenburg (1857–1935); sein Hauptquartier wird mit dem kaiserlichen Herrn zusammen Baden[10].

Dem umgänglichen, befehlstreuen und unpolitischen Arz gelingt es, das Vertrauen von Kaiser Karl und das Verhältnis zur Deutschen Obersten Heeresleitung bis zum Kriegsende ungetrübt zu erhalten.

In rascher Folge werden Neuberufungen in allen dienstlichen Bereichen durchgeführt.

Im Jänner 1917 wird Korvettenkapitän Emmerich Schonta von Seedank (1878–1945) zum Flügeladjutanten des Kaisers ernannt. Mit Schreiben vom 20. Jänner 1917 wird ihm mitgeteilt, dass er sich „am Sonntag, dem 21. Jänner Vormittags in Baden bei Wien – Kaiserhaus – zu der erbetenen Vorstellungsaudienz einfinden möge. Der neuernannte Flügeladjutant S.M. wird in Baden auch der AH. Frühstückstafel beigezogen werden"[11].

Der Dienst bei Hof erhält mit der Berufung von Konrad Prinz zu Hohenlohe-Schillingsfürst (1863–1918) zum Obersthofmeister einen neuen Leiter[12].

Selbst die Handhabung des Pressedienstes erfährt noch im Jänner 1917 eine Neuerung. Hauptmann Karl Werkmann (später Freiherr von Werkmann) (1878–1952) „wird mit dem speziellen Pressedienst (Hofnachrichten) für die Allerhöchsten Herrschaften betraut und erhält seine Weisungen direkt in der Generaladjutantur S.M. Der gesamte nichtpolitische Pressedienst für die AH. Herrschaften bei der Generaladjutantur ist von Hauptmann Werkmann zu versehen. Nachrichten offizieller Natur jedoch werden der Wiener Zeitung weiterhin direkt vom Obersthofmeisteramt übermittelt"[13].

Hingegen wird der Kaiser Franz Joseph zugeteilte deutsche Militärbevollmächtigte General August von Cramon (1861–1940) von Kaiser Karl in seiner Funktion bestätigt.

Ebenso bleibt der östereichische Militärbevollmächtigte, welcher der Person von Kaiser Wilhelm II. zugeteilt ist, auch nach dem Thronwechsel in seinem Amt. Es ist Alois Freiherr Klepsch-Kloth von Rhoden.

Seine Grabstätte befindet sich auf dem Wiener Zentralfriedhof in einer Arkadengruft.

Die kaum mehr lesbare Inschrift lautet:

Eduard Alois Freiherr Klepsch-Kloth von Rhoden
Feldmarschalleutnant
23. September 1863 – 16. März 1957.

Baden ist wieder „Kaiserstadt“ und wichtige Persönlichkeiten aus allen Teilen der Monarchie und den verbündeten Staaten finden sich dort ein, ja selbst Vertreter überseeischer Staaten. In dem dicht gedrängten Audienzprogramm für das „Kaiserhaus“ scheint der Empfang einer „hochrangigen Delegation aus Salzburg (6 Personen) Fürsterzbischof, Landshauptmann, Bürgermeister usw.“ im April 1917 ebenso auf[14] wie die Audienz für den „hiesigen chilenischen a.o. Gesandten und bevollmächtigten Minister Don Enrique Lopez Maquieira“[15].

Unter den prominenten Persönlichkeiten, die in Baden empfangen werden, befinden sich

Kronprinz Boris von Bulgarien (1884–1943, Zar 1918–1943), der türkische Kriegsminister Enver Pascha (1881–1922) und der ungarische Ministerpräsident Stephan Graf Tisza (1861–1918).

Aus Sicherheitsgründen „wird veranlaßt, daß beim Allerhöchsten Séjour Seiner Majestät im ‚Kaiserhaus‘ zu Baden bei Wien das Leibgardereitereskadron zur weiteren Aufstellung eines Appartementpostens um 6 Mann verstärkt und auch für deren Unterkunft und Verpflegung in Baden gesorgt wird.

Ebenso wie in der Hofburg und im Schönbrunner Schloß sind die Wohnräume bei Anwesenheit des Kaisers nun auch in Baden aus Sicherheitsgründen Tag und Nacht mit einem Posten der Leibgarde besetzt, und zwar beim rückwärtigen Stiegenzugang zu den Wohnräumen.

Vor den Wohnräumen steht der ‚Paradeposten‘, beim rückwärtigen Stiegenzugang zu den Wohnräumen ein zusätzlicher interner Posten.“[16]

Schließlich wird noch über diskreten, aber deutlichen Wink des amtierenden Bezirkshauptmannes Bosizio der Badener Hauptplatz in „Kaiser Karl-Platz“ umbenannt.

Die Namensgebung ist als Akt der Courtoisie längst fällig, denn schließlich gibt es in Baden, der „Kaiserstadt“, seit 1915 den „Conrad von Hötzendorf-Platz“.

In der außerordentlichen, vertraulichen Gemeindeausschuss-Sitzung vom 23. Februar 1917 wird der einstimmige Beschluss hiezu gefasst. Die Umbenennung soll der immerwährenden Erinnerung an die Anwesenheit des Kaisers in Baden dienen und gleichzeitig Ausdruck des Dankes für die kaiserliche Fürsorge in Approvisionierungsangelegenheiten sein. Über Veranlassung des Monarchen wird die Stadt in Zukunft wie im Frieden versorgt, vor allem mit dem kostbaren Mehl. In Baden soll und wird es keinen Mangel mehr an Brot und Mehl geben[17].

Die Bezeichnung „Kaiser Karl-Platz“ bleibt bis 21. März 1938 erhalten.

24. Der U-Bootkrieg

In direktem Zusammenhang mit dem vielumstrittenen U-Bootkrieg steht die Audienz des Marinekommandanten.

Das Telegramm vom 18. Jänner 1917 lautet:

„An Seine Exzellenz Herrn Marinekommandanten Großadmiral Anton Haus, Pola.

Seine Majestät werden Euer Exzellenz übermorgen, Samstag, den 20. Jänner um 10 Uhr vormittags in Baden zu empfangen geruhen, sodann sind E.E. zu dem um ½ 1 Uhr n.m. im Badener Kaiserhause stattfindenden Ah. Frühstücke eingeladen und wollen E.E. hiernach Seine Majestät auf der nach dem Essen in Aussicht genommenen Fahrt nach Wien begleiten.

Im Ah. Auftrage: Prinz Lobkowitz, Generalmajor“[1]. (Zdenko Prinz von Lobkowitz/Lobkowicz, 1858–1933, ist Generaladjutant des Kaisers).

Wegen der von den Deutschen geplanten Wiederaufnahme des verschärften U-Bootkrieges als Reaktion auf die über Deutschland verhängte Seeblockade, mit Recht auch „Hungerblockade“ genannt, kommen am 20. Jänner 1917 Arthur Zimmermann (1864–1940), Staatssekretär im deutschen Auswärtigen Amt, und der deutsche Admiral Henning von Holtzendorff (1853–1919) nach Wien[2].

Die entsandten Deutschen stellen im Interesse des „Siegfriedens“ den uneingeschränkten U-Bootkrieg als notwendig dar, um England, das die Seeblockade durchführt, innerhalb von fünf bis sechs Monaten zu besiegen, bevor noch die Amerikaner in den Krieg eingreifen[3].

Entgegen den Warnungen von Kaiser Karl und Graf Czernin verkünden die Deutschen am 1. Februar 1917 den uneingeschränkten U-Bootkrieg. Wie zu erwarten, treten daraufhin die Vereinigten Staaten von Amerika in den Krieg ein und bewirken den entscheidenden Wendepunkt zu ungunsten Österreich-Ungarns und seiner Verbündeten.

Das Wagnis des unbeschränkten U-Bootkrieges, das Großbritannien friedenswillig machen soll, bezeichnet der deutsche Historiker Hans Herzfeld als „eine ans Abenteuerliche grenzende Leichtfertigkeit“. Statt der behaupteten 54 „frontbereiten“ Boote sind tatsächlich nur 9 vorhanden[4].

Der Zeitzeuge General August von Cramon steht allerdings auf dem Standpunkt, dass Großbritannien tatsächlich nur knapp dem Schicksal entgeht, um Frieden bitten zu müssen und die USA auch ohne U-Bootkrieg aus wirtschaftlichen Gründen in den Krieg eingetreten wären. „Die Industrie und das Kapital konnte es sich nicht leisten, die Milliarden zu verlieren, die auf der Seite, die rasch zu erliegen drohte, eingesetzt worden waren.“[5]

Am Rande der kriegs- und welthistorisch bedeutenden Beratungen über den U-Bootkrieg findet auch jene Episode statt, die folgendermaßen überliefert wird:

Admiral von Holtzendorff ist am 20. Jänner 1917 Gast des Kaiserpaares in Baden. Der Admiral vertritt auch bei Tisch seinen Plan, indem er Kaiserin Zita zu dem Thema anspricht.

„Ich weiß schon, Sie sind die Gegnerin des Unterseebootkrieges; Sie sind überhaupt gegen den Krieg."

Die Entgegnung: „Ich bin gegen den Krieg, wie jede Frau, die die Menschen lieber in Freude als im Leide sieht", löst beim deutschen Admiral die Bemerkung aus:

„Ach was, leiden, ich arbeite am leichtesten, wenn ich einen leeren Magen habe; da heißt es dann, den Riemen fester schnüren und durchhalten."

Erst die Äußerung der Kaiserin: „Ich liebe es nicht, vom Durchhalten sprechen zu hören, wenn man an einer vollbesetzten Tafel sitzt", bereitet der Szene ein Ende[6].

Die Ereignisse geben Kaiser Karl und dem Grafen Czernin recht. Die Kriegserklärung der Vereinigten Staaten an das Deutsche Reich erfolgt am 6. April 1917, an Österreich-Ungarn am 7. Dezember 1917.

25. Soziale und humanitäre Maßnahmen

Kaiser Karl ist als sozial empfindender Mensch seit frühester Jugend von Hilfsbereitschaft und dem Wunsch erfüllt, den Menschen das Leben zu erleichtern.

Einfachheit, bewusster Verzicht auf Pomp, Glanz und theatralisches Zeremoniell sind Maßstab des zur Regierung gekommenen neuen Herrschers.

Er und seine Familie identifizieren sich in Lebensstil und Repräsentation mit der schwer unter dem Krieg leidenden Bevölkerung[1].

Selbst der dem jungen Kaiser zugeteilte und ihm sonst durchaus kritisch gegenüberstehende deutsche Militärbevollmächtigte General August von Cramon, der häufig zu ihm in das Badener Kaiserhaus zwecks Besprechung von Friedensmöglichkeiten gerufen wird, betont die einfache und dem Krieg entsprechende Ausstattung der Räume.

Die tiefe Enttäuschung des Kaisers über das Missglücken seiner Friedenspläne verbindet sich mit der Erkenntnis, dass die militärische Kraft Österreich-Ungarns nicht mehr ausreichen wird, um den Krieg mit einem Siegfrieden zu beenden[2].

Im Zusammenhang mit seinen sozialen Bestrebungen und dem Wunsch nach einem hiefür zuständigen Ministerium empfängt er im Jänner 1917 Universitätsprofessor Julius Tandler (1869–1936), seiner Gesinnung nach Sozialdemokrat. Tandler war telegraphisch für den 29. Jänner 1917, 10.30 Uhr, in das Kaiserhaus nach Baden eingeladen worden. Nach der ersten Audienz beim Kaiser hält er seine Eindrücke in einem Gedächtnisprotokoll fest:

Ich öffne rasch die zweite Tür der Doppeltür und stehe dem Kaiser unmittelbar gegenüber, welcher bis an die Tür entgegengekommen war. Ich schließe die Tür, schlage die Hacken zusammen und sage: „Guten Tag, Majestät“, indem ich gleichzeitig die mir entgegen gestreckte Hand ergreife. Wir schütteln einander gut bürgerlich die Hand, worauf er zu seinem Schreibtisch gehend mich aufforderte, daselbst Platz zu nehmen. Während dieser Zeit hatte ich Gelegenheit zu sehen, daß er ein schlanker, mittelgroßer Mensch ist. Wir konnten uns beim Gruß gerade in die Augen sehen. Kopfhaar etwas dunkler wie der kleine blonde Schnurrbart. Nachdem wir Platz genommen hatten, sagte mir zunächst der Kaiser fast wörtlich folgendes: „Herr Professor, wir sind ganz allein und ich wünsche, daß Sie ganz ungescheut nicht nur das sagen, was Sie mir zu sagen haben, sondern es auch so sagen, wie Sie es denken.“

Hierauf forderte er mich auf, ihm unsere Vorstellungen über die militär-ärztlichen Akademien auseinander zu setzen. Währenddem ich dies tue, bemerke ich, daß er selbst über die Sache ziemlich genau orientiert ist und mir folgt. (...)

Bei der Besprechung der Invaliden-Versorgung fragt mich der Kaiser, für wie groß ich die Zahl der Invaliden ansehe. Ich antwortete: „Cirka dreimal so groß als die Zahl der Toten“, worauf er bestürzt ist. (...)

Tandler im Laufe des weiteren Gespräches:

„Die ganze Frage kann nicht im Vorübergehen gelöst werden, (...) notwendig ist die Gründung eines Sanitätsministeriums.“

Der Kaiser, notierend: „Sie haben vollkommen recht, ich werde sofort mit dem Ministerpräsidenten sprechen, das muß geschehen". (...)

Das Gespräch begann unmehr eine politische Wendung zu nehmen, insofern, als wir von Verwaltung und Verantwortung sprachen. (...)

Es ist in der Zwischenzeit, wie ich auf der Armbanduhr des Kaisers sehe, nahezu $^3/_4$ 1 geworden. (...)

Nachdem wir noch einiges über Parlament und Verwaltung gesprochen hatten, stand der Kaiser auf. Wir standen einander Auge in Auge gegenüber, er sah aus wie ein Mensch, der zu wenig ißt und schläft. (...)

Dann reichte er mir nochmals die Hand, indem er sagte: „Sie schreiben mir die Sache von dem Sanitätsministerium ausführlich zusammen und bringen sie mir."[3]

Diese Audienz, die nicht die einzige von Professor Julius Tandler bei Kaiser Karl bleiben wird, ist Ausgangspunkt und entscheidende Anregung für die Schaffung eines Ministeriums für Volksgesundheit.

Bereits im Mai 1917 sind soziale Konzepte betreffend Jugend-, Alters- und Invaliditätsfürsorge sowie die Schaffung eines neuen Ministeriums unter Heinrich Graf Clam-Martinic (1863–1932), dem ersten Ministerpräsidenten nach der Thronbesteigung Kaiser Karls, weit gereift.

In der Zwischenzeit hatte Graf Clam eine Reihe von Verbesserungen im sozialen Bereich durchgeführt, von welchen die Einführung des „Mieterschutzes" im allgemeinen Gedächtnis geblieben ist. Für Wohnungen werden nicht gerechtfertigte Mietzinserhöhungen verboten und im Jänner 1917 Mietämter zur Kontrolle der Mietzinse errichtet.

Im März 1917 startet eine große Hilfsaktion der Regierung für die mindestbemittelten Bevölkerungsschichten, um im Besonderen den Armen in Städten und Industriezonen den Kauf notwendiger, jedoch unerschwinglich teurer Lebensmittel zu verbilligten Preisen zu ermöglichen.

Die Bezirksbehörden und Gemeinden der österreichischen Reichshälfte erfassen auf Grund des Einkommens insgesamt 5 Millionen Mindestbemittelte.

Daneben entstehen Kriegsküchen, die preisgünstige und zum Teil unentgeltliche Mahlzeiten abgeben[4].

Auch in Baden entstehen mehrere Kriegsküchen, die sich regen Zuspruches und der tatkräftigen Unterstützung wohltätiger Badenerinnen erfreuen.

Zur Hintanhaltung sozialdemokratischer Kundgebungen werden die Arbeits- und Lohnverhältnisse für Betriebe der Kriegwirtschaft neu geregelt. Eine Verordnung, die für den Bezirk Baden selbst und für das gesamte Industriegebiet im südlichen Niederösterreich von Bedeutung ist.

Im Dezember 1916 übernehmen Kaiser Karl und Kaiserin Zita das Protektorat über das Zentralkomitee zur Errichtung von Soldatenheimen[5].

Nach der Errettung Kaiser Karls aus Lebensgefahr im Torrente Torro (Nebenfluss des Isonzo) während einer Truppeninspektion am 11. November 1917 und der von ihm gestifteten hohen Geldsumme erfährt die Errichtung von Soldatenheimen eine bedeutende Ausweitung[6].

Im Verlauf der weiteren Befassung mit sozialen Fragen entschließt man sich, zwei neue Ministerien zu errichten. Zusätzlich zu dem Ministerium für Soziale

Fürsorge, das am 1. Jänner 1918 seine Tätigkeit aufnimmt, entsteht noch das Ministerium für Volksgesundheit, das am 10. August 1918 mit seiner Tätigkeit beginnt[7].

Als Allerhöchster Kriegsherr erlässt der Kaiser auch humanitäre und demokratisierende Befehle für den militärischen Bereich. So gestattet er den in der k. u. k. Armee dienenden Erzherzögen gegenüber anderen Offizieren keine Ausnahmestellung.

Die Abschaffung aller „Körperstrafen" ist in seinen besonderen Intentionen gelegen.

Mit Armeebefehl vom 2. März 1917 hebt er die Strafe des „Anbindens" (Zusammenbinden von Händen und Füßen) und als Ergänzung dieses Befehls am 19. Juni 1917 die Strafe des „Schließens in Spangen" auf[8].

Gemäß eines im Aktenstück hinzugefügten Amtsvermerkes wird auch der „Barrenarrest", der ebenfalls als „Körperstrafe" anzusehen ist, sinngemäß aufgehoben.

„Der Barrenarrest wird nur auf den Schiffen als Disziplinarstrafe gegen Matrosen angewendet. Dauer 6 bis 24 Stunden, allenfalls verschärft durch Fasten bei Wasser und Brot. Dabei ist der Straffällige auf dem Boden liegend oder sitzend mit beiden Füßen in Bügel geschlossen.

Durch die im Einsichtsstück angeführten Nachträge zum Dienstreglement für die Kriegsmarine, 3. Teil, ‚Dienst zur See' wird diese Strafe ganz aufgehoben."[9]

Seinen Namenstag, den 4. November 1917, nimmt der Kaiser zum Anlass, die in der Praxis immer noch durchgeführten Duelle ausdrücklich und begründet zu verbieten[10].

Im Gegensatz zu den positiv aufgenommenen Sozialreformen bleiben jedoch die Neuerungen im militärischen Bereich nicht unumstritten.

Demokratisierende und humanitäre Bestrebungen des Monarchen sind gleichfalls an zwei von ihm ohne Klassen gestifteten Auszeichnungen ablesbar. 1916 stiftet er das Karl-Truppenkreuz für alle Soldaten jeden Ranges. Einzige Bedingung ist der Mindesteinsatz von drei Monaten an einer Kriegsfront. Ab 1917 gibt es die Verwundetenmedaille mit der Inschrift LAESO MILITI ET CIVI.

... „Viele MEINER wackeren Soldaten sind verwundet aus der Kampffront geschieden, ehe sie Gelegenheit fanden, sich eine Auszeichnung für tapferes Verhalten zu verdienen.

Ähnlich ist es anderen ergangen, die zufolge Kriegsstrapazen erkrankt, in ihrer Gesundheit dauernd geschädigt, dem Kampf nunmehr ferne bleiben müssen. MEIN Wunsch ist es, diese Braven äußerlich ehrend gekennzeichnet zu sehen." ...[12]

Von allen Maßnahmen der Versöhnung verursacht die Politische Amnestie, erlassen am 2. Juli 1917, dem Namenstag des Kronprinzen Otto, die mit Abstand schärfste Kritik.

Zu den mit der Amnestie annullierten Vergehen gehören Hochverrat, Majestätsbeleidigung, Aufstand und Aufruhr[13].

Unter den 2593 Amnestierten befindet sich der Tschechenführer Dr. Karel Kramař[14] (1860–1937).

1463

Nr. 47.
5. März 1917.

Personal-
angelegenheiten.

Verordnungsblatt für das k. u. k. Heer.

Allerhöchste Entschließung.

Seine k. u. k. Apostolische Majestät geruhten allergnädigst den nachstehenden Allerhöchsten Armee- und Flottenbefehl zu erlassen:

Armee- und Flottenbefehl.

Im Vertrauen auf die stets bewährte Disziplin und den in harter Kriegszeit glänzend erprobten Geist Meiner tapferen Wehrmacht fühle Ich Mich bestimmt, die Strafe des „Anbindens“ aufzuheben.

Baden, am 2. März 1917.

Karl m. p.

(Präs. Nr. 5634, vom 3. März 1917.)

(Siebenundsechzigster Jahrgang.) 211

85-1/30 ai 1917

Abb. 30a: Armee- und Flottenbefehl vom 2. März 1917

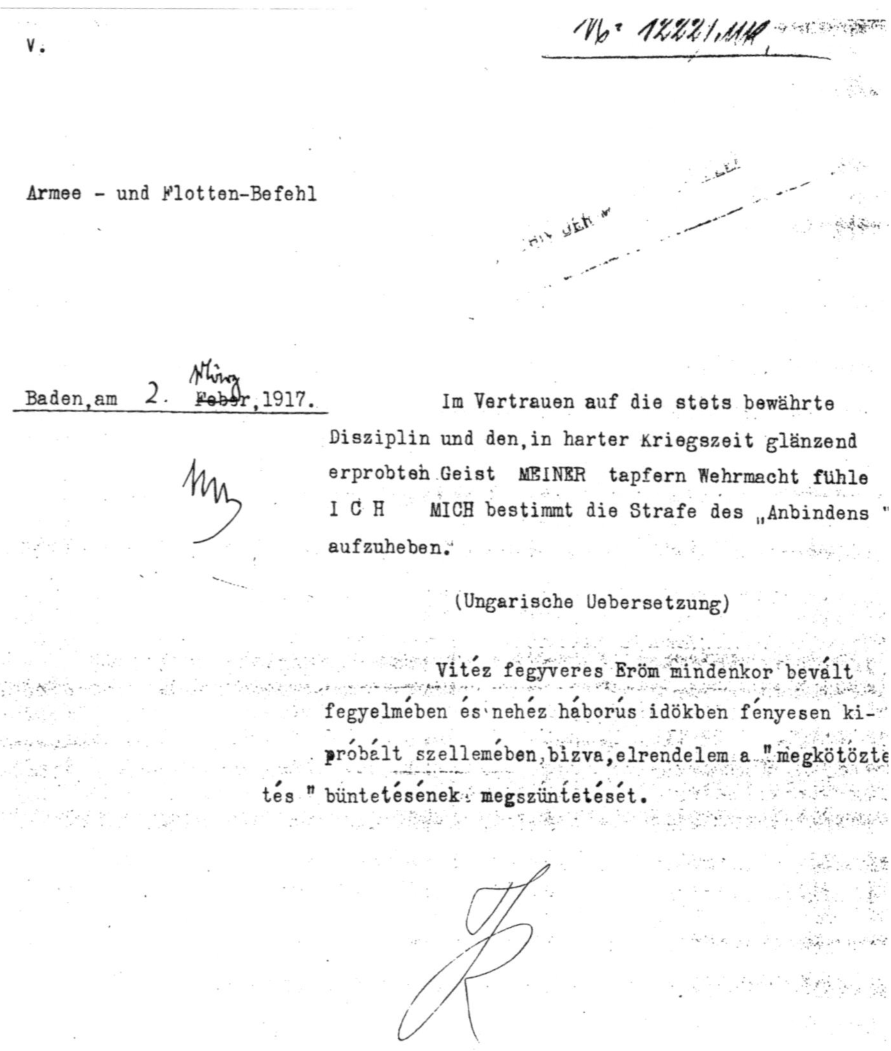

V.

Nr. 12221, MK

Armee - und Flotten-Befehl

Baden, am 2. ~~Febr~~ März, 1917.

Im Vertrauen auf die stets bewährte Disziplin und den, in harter Kriegszeit glänzend erprobten Geist MEINER tapfern Wehrmacht fühle I C H MICH bestimmt die Strafe des „Anbindens" aufzuheben.

(Ungarische Uebersetzung)

Vitéz fegyveres Eröm mindenkor bevált fegyelmében és nehéz háborús idökben fényesen kipróbált szellemében, bízva, elrendelem a "megkötöztetés" büntetésének megszüntetését.

Abb. 30b: Dem Armee- und Flottenbefehl beigeschlossenes Aktenstück mit der Paraphe von Kaiser Karl

Nach den Angaben des österreichischen Historikers Manfried Rauchensteiner kommen insgesamt rund 1000 Tschechen frei[15].

Die Amnestie, die bei der Mehrheit der Deutschösterreicher Unverständnis und Ablehnung erfährt und an der Front Entrüstung hervorruft, soll außenpolitisch die Friedensbereitschaft der Westmächte gegenüber der Donaumonarchie stärken und innenpolitisch die Versöhnung der Völker anbahnen.

Der Erfolg bleibt in beiden Richtungen versagt und beschleunigt lediglich den Nationalitätenkonflikt innerhalb der Armee[16].

Für Polzer-Hoditz, der als Kabinettsdirektor die Amnestie unter größter Geheimhaltung gemäß kaiserlichen Befehls entworfen hatte, folgt daraus in den hochgehenden Wogen der öffentlichen Entrüstung das Ende seiner Laufbahn als Kabinettchef.

Selbst die Wiedereinberufung des seit März 1914 sistierten Reichsrates für 30. Mai 1917 fügt sich nahtlos in die Reformbestrebungen von Kaiser Karl[17].

Der Reichsrat soll das Hauptinstrument der vorgesehenen Verfassungsreform werden[18].

Karl ist entschlossen, als konstitutioneller Monarch zu regieren und für seine Regierung eine demokratische Basis zu schaffen.

26. Die Schatten des Krieges

Wo immer man sich in den Jahren 1917 und 1918 auch befindet, sind die immer dunkler werdenden Schatten des Krieges unübersehbar.

Kaiserliche Anwesenheit und kaiserliches Wohlwollen vermögen sie nicht zu vertreiben.

Der Waffenstillstand Russlands vom 15. Dezember 1917 mit den Mittelmächten, gefolgt vom Friedensvertrag von Brest-Litowsk am 3. März 1918[1], sowie der Waffenstillstand mit dem ebenfalls niedergeworfenen Rumänien in Focşani am 9. Dezember 1917[2], bringen zwar eine dringend benötigte militärische Entlastung im Osten, doch sieht Kaiser Karl in der Kriegserklärung der Vereinigten Staaten von Amerika vom 7. Dezember 1917 an Österreich-Ungarn mit Recht eine neue und entscheidende Bedrohung.

Der anhaltende Mangel an Lebensmitteln, Rohstoffen und Heizmaterial schafft im Hinterland eine Situation, die jener des „Totalen Krieges" im späteren Zweiten Weltkrieg vergleichbar ist und auch Baden nicht verschont – nachzulesen beispielsweise in der Kundmachung der k. k. Bezirkshauptmannschaft Baden vom 14. Februar 1917[3].

Auch sonst verläuft nicht alles in Übereinstimmung mit den Gesetzen und den behördlichen Anordnungen.

Offiziere klagen fallweise über zu hohe Preise in einigen Gaststätten.

Die geltenden Approvisionierungsvorschriften werden trotz empfindlicher Geldstrafen und namentlicher Anprangerung in der „Badener Zeitung" vielfach übertreten.

Auch ist von „wahren Raubpreisen" für verkauftes Edelobst die Rede[4].

Schließlich sieht sich die „Badener Zeitung" noch veranlasst, die Bevölkerung eindringlich vor Beihilfe zur Desertion zu warnen.

Dem gegenüber stehen die großen Anstrengungen der Badener Bevölkerung während des gesamten Ersten Weltkrieges, zur Linderung von Leid und Not bestmöglich beizutragen.

Die Stadt stellt ihre Kurmittel und Heilquellen den Soldaten zur Verfügung.

Zahlreiche private Wohltäter unterstützen die Badener Militärspitäler tatkräftigst durch Geld- und Sachspenden.

Der Industrielle Arthur Krupp zählt zu den unermüdlichen und großzügigen Spendern.

Badener Damen gründen eine zusätzliche Initiative zur „Kostenaufbesserung für Soldaten in den Spitälern".

Sogar einige Privathäuser werden für die Unterbringung verwundeter Kriegsteilnehmer zur Verfügung gestellt.

Die Bereitschaft zum Spenden und Helfen erhält seit der Anwesenheit des Kaisers zusätzliches gesellschaftliches Ansehen und erhöhte öffentliche Anerkennung als Ausdruck der Loyalität gegenüber Kaiser Karl und Kaiserin Zita.

Als erfolgreicher Versuch, den Geburtstag von Kaiserin Zita am 9. Mai als zeitgemäße Form der Huldigung für die Gestaltung eines Spendentages zu benützen, ist der „Kaiserin Zita-Kindertag" zu bezeichnen. Er wird allgemein am

13859 A.

Kundmachung

der k. k. Bezirkshauptmannschaft Baden vom 14. Februar 1917.

Auf Grund des letzten Absatzes des § 15 der Ministerialverordnung vom 8. Februar 1917, R.-G.-Bl. Nr. 48, hat Se. Exzellenz der Statthalter im Erzherzogtum Oesterreich unter der Enns bis auf weiteres nachstehendes angeordnet:

1. Die Vorstellungen in den Theatern sind derart anzusetzen, daß die Theaterlokalitäten um 9 Uhr abends von den Besuchern wieder vollkommen geräumt sind und daß die Beleuchtung aller dazugehörigen Betriebsräume spätestens um 10 Uhr nachts abgestellt ist.

2. Die Veranstaltung von Konzerten wird bis auf weiteres eingestellt und die Beheizung und Beleuchtung der betreffenden Säle für welchen Zweck immer untersagt. **Saallokalitäten**, welche für die Abhaltung von Vorträgen oder sonstigen Veranstaltungen bestimmt sind, müssen geschlossen werden und dürfen weder benützt, noch beleuchtet werden.

3. Der Betrieb der **Kinos** und aller **Tanz- und Vergnügungslokalitäten** ist sofort einzustellen. Tanzschulen sind gleichfalls zu schließen.

4. **Gast- und Schanklokalitäten** aller Art dürfen bis auf weiteres über 10 Uhr abends, **Kaffeehäuser** über 11 Uhr nachts nicht offengehalten werden.

5. Die unter 4 genannten Lokale müssen um 10, bezw. um 11 Uhr abends von Gästen verlassen und gesperrt sein. Es ist daher nach der Sperre, das ist präzis 10, bezw. 11 Uhr abends, während der folgenden Reinigung der Räumlichkeiten deren Beleuchtung, bezw. Beheizung im Sinne des § 11 der angeführten Ministerialverordnung auf das für diesen Zweck unbedingt notwendige Mindestmaß zu beschränken.

6. **Nebenräume in den Gast- und Schankgewerben,** sowie Kaffeehäusern, welche zur Befriedigung der dringendsten Bedürfnisse des Publikums nicht notwendig sind, als Spielzimmer, Separées, Kegelbahnen, sogenannte Klubzimmer usw., sind, wenn es die räumliche Anordnung zuläßt, unbedingt auch für den Tagesbetrieb zu sperren.

Diese Kundmachung tritt mit Mittwoch, den 14. Februar in Kraft.

Uebertretungen der in dieser Kundmachung enthaltenen Anordnungen werden gemäß § 19 der Ministerialverordnung vom 8. Februar 1917, R.-G.-Bl. Nr. 49, mit einer Geldstrafe bis zu 2000 Kronen oder mit Arrest bis zu drei Monaten, im Wiederholungsfalle oder bei erschwerenden Umständen aber mit einer Geldstrafe bis zu 5000 Kronen oder mit Arrest bis zu sechs Monaten bestraft. Mit der Bestrafung können auch in sinngemäßer Anwendung der Bestimmungen der beiden letzten Absätze des § 15 der angeführten Ministerialverordnung weitere Einschränkungen hinsichtlich des Betriebes verfügt werden.

Die vorstehenden Maßnahmen werden nur für die Zeit der Kohlennot verfügt und werden nach Wegfall dieses Grundes sogleich wieder außer Kraft gesetzt werden.

Baden, am 14. Februar 1917.

Der k. k. Bezirkshauptmann:

Bosizio.

Abb. 31: Kundmachung der k. k. Bezirkshauptmannschaft Baden vom 14. Februar 1917

Sonntag, dem 13. Mai 1917 abgehalten und geht in Baden mit großem organisatorischem und gesellschaftlichem Aufwand vor sich, zusätzlich begünstigt von schönem Frühlingswetter.

Die eigens für diesen Tag hergestellten Spendenzeichen tragen das Bild des blondgelockten Kronprinzen Otto. Die Einnahmen sind für Kinderschutz und Jugendfürsorge bestimmt.

Abb. 32: Spendenabzeichen

Zehntausend Abzeichen und andere Erinnerungsgegenstände finden raschen Absatz.

Die Musikkapelle des V/73. Feldbataillons spielt dazu flotte Märsche.

Als sich Kaiser Karl von der Morgenmesse in der Frauenkirche zum Kaiserhaus begibt, tritt ein kleines Mädchen auf ihn zu und sagt ein Gedicht für ihn auf.

Die „Badener Zeitung“ bewertet den festlichen und erfolgreichen Spendentag als „volkstümliche Huldigung für unsere jugendschöne Kaiserin, der hochherzigen Beschützerin der vaterländischen Jugend“[5].

Anzahl und Umfang privater Hilfsinitiativen während des Ersten Weltkrieges sind beeindruckend und die rege Teilnahme daran gehört für die Badener Gesellschaft zum guten Ton.

Gelegenheit zum Spenden gibt es jederzeit.

Der k. k. österreichische Militär-Witwen- und Waisenfonds steht unter dem Protektorat des Kaisers und der Kaiserin.

Zusätzlich widmet sich der Karlfonds der Unterstützung von Witwen und Waisen[6].

Der Patriotische Hilfsverein vom Roten Kreuz und das Weiße Kreuz unterhalten in Baden Zweigvereine.

Lokale Hilfsaktionen führt die Badener Vereinigung „Kinderfürsorge in Baden“ durch.

Der „Schulküchenverein“ besorgt die Ausspeisung armer Schul- und Reservistenkinder[7].

„Freibrot für die Armen“ nennt sich eine weitere Aktion für Notleidende.

Von Amts wegen werden fleischlose Tage verordnet.

Bezirkshauptmann Bosizio gründet eine Hilfsaktion für die Mindestbemittelten des Bezirkes und steht ihr als Präsident vor.

Kaiser Karl verfolgt diese Tätigkeit mit Interesse und Befriedigung und lässt der Hilfsaktion die ansehnliche Spende von eintausend Kronen zukommen[8].

In den Badener Militärspitälern befinden sich gegen Ende des Jahres 1916 zweitausend verwundete und kranke Soldaten[9].

Der bereits erwähnten Initiative zur „Kostaufbesserung für Soldaten in den Spitälern" widmet die Bevölkerung Geld- und Sachspenden sowie Zeitungen, Rauchwaren und Kleidungsstücke und veranstaltet zu Weihnachten Feiern und Bescherungen[10].

Die freiwillige Krankenpflege ist die besondere Domäne der Frauen.

Lehrer und Schüler beteiligen sich an der Versendung von Liebesgaben an die Front, bestehend aus Büchern, Zeitschriften, Zigarren, Zigaretten, Kartenspielen, Keks und sogar einer Ziehharmonika.

Regelmäßig und zu jedem nur denkbaren Anlass erfolgen Aufrufe zur Zeichnung von Kriegsanleihe und zum Besuch von Konzerten, Theateraufführungen und Kunstausstellungen im Sinne der Kriegsfürsorge.

Jeweils am Palmsonntag findet in Baden ein „Ölzweigtag" statt. Ölzweige aus dem Süden werden verkauft und das Erträgnis für wohltätige Zwecke verwendet[11].

Dass all diese Spenden nur mehr der sprichwörtliche Tropfen auf den heißen Stein sind, zeigen die offiziellen Verlustzahlen des österreichischen Kriegsministeriums 1918: 1,2 Millionen gefallene Soldaten. Die Zahl der Verwundeten, Gefangenen und Vermissten beträgt 3,860.000[12].

Über das Ausmaß der Katastrophe sind sich kritische Geister – wie etwa Karl Kraus (1874–1936) – durchaus im Klaren: „Hier tappen sie durchs Leben, Krüppel und Gelähmte, ... und alle ..., die nichts mehr sind als die Trümmer einer zerbrochenen Schöpfung."[13]

Exkurs: Ein Auto mit Geschichte

Bisweilen kommen auch Zufälle zu Hilfe.

Eine kurze Notiz in der „Presse" aus dem Jahre 1998 erweist sich als „heiße Spur" und führt mich direkt zum Automobil von Kaiser Karl.

Es ist ein Erzeugnis der seit 1896 bestehenden österreichischen Firma Gräf & Stift und wird am 14. August 1914 an das Oberstallmeisteramt in Schönbrunn geliefert.

Das Automobil der Type 40/45, ein Doppel Phaeton mit Allwetterverdeck, verfügt über zwei vordere Sitze für Fahrer und Beifahrer und zwei Klappsitze im Fond, mit zwei Passagiersitzen. Die Länge beträgt 4,30 m, das Gewicht ungefähr 2480 kg. Als Höchstgeschwindigkeit lassen sich 90 km/h erzielen.

Vermutlich wegen der besonderen Berggängigkeit und Zuverlässigkeit wird das Auto für Kaiser Karl zum Leibwagen und findet für seine zahlreichen Truppenbesuche bevorzugte Verwendung.

Die ursprünglich dunkelgrüne Farbe – in Fortsetzung der traditionell dunkelgrünen Farbe kaiserlicher Kutschen – wird feldgrau überstrichen.

1919 nimmt der Kaiser das Auto mit in sein Schweizer Exil und verwendet es bis zu seinem zweiten ungarischen Restaurationsversuch.

Nach dem zweiten fehlgeschlagenen Restaurationsversuch vom 20. Oktober 1921 kehrt der Monarch nicht mehr in die Schweiz zurück.

Sein Automobil verbleibt dort, wird vergessen, wiederentdeckt und schließlich 1974 in Genf zur Versteigerung gebracht.

Der Österreichischen Automobilfabrik Gräf & Stift gelingt es, das historische Unikat zu ersteigern und nach Wien zurückzubringen.

Nach schwierigen und aufwendigen Restaurierungen erhält das Automobil seine Fahrtüchtigkeit, seine originalgetreue Ausstattung, die dunkelgrüne Farbe und die kaiserlichen Embleme wieder zurück.

Mit der historischen Bedeutung verbindet sich ein hoher materieller Wert, weshalb das kaiserliche Automobil nur selten und zu besonderen Gelegenheiten in Betrieb genommen wird[1].

Abb. 33: Kaiser Karl unterwegs zur Tiroler Front, 1917

27. Kaiserfeste

Mit der Verlegung des Armeeoberkommandos nach Baden beginnt eine Reihe von festlichen Anlässen, in deren Mittelpunkt Kaiser Karl und der deutsche Kaiser Wilhelm II. als wichtigster Verbündeter stehen.

Seit 1835, dem Todesjahr von Kaiser Franz I. von Österreich, bestimmt zum ersten Mal wieder die Anwesenheit eines Monarchen das Badener Gesellschaftsleben. Die spannungs- und ereignisreichen Jahre 1917 und 1918 sind eng verschränkt mit Krieg und Politik. Dem Ernst der Lage entsprechend sollen Kaiserfeste daher in erster Linie patriotische Gesinnung, Zuversicht und gegebenenfalls auch Bündnistreue signalisieren.

Gelegenheit dazu bietet der Festgottesdienst in der evangelischen Kirche anlässlich des Geburtstages des Deutschen Kaisers am 27. Jänner 1917.

Kaiser Karl erscheint mit seinem Generaladjutanten Prinz Lobkowitz. Viele hohe Funktionäre und hervorragende Persönlichkeiten finden sich ein[1].

Zu der aus diesem Anlass veranstalteten Hoftafel werden auch Vertreter des deutschen Verbündeten beigezogen.

Im Sommer desselben Jahres wird Kaiser Wilhelm selbst nach Baden kommen.

Am 2. Juli 1917, wenige Tage vor der Ankunft des deutschen Kaisers, findet der Staatsbesuch des Generalfeldmarschalls von Hindenburg und des Generals Ludendorff statt. Vormittags ist Kriegsrat in Baden, wo Ludendorff in starken Widerspruch zur Ansicht des Kaisers Karl gerät. Beim anschließenden Déjeuner in Laxenburg ist die Atmosphäre zwischen dem österreichischen Kaiserpaar und ihm infolgedessen gespannt[2].

Den Besuch des verbündeten deutschen Kaisers Wilhelm II. bei Kaiser Karl in Baden am 6. Juli 1917 erleben viele Bewohner trotz der Kürze des Aufenthaltes in der ernsten Zeit des Krieges als großartiges Ereignis mit allen Attributen einer Feier – Beflaggung der Stadt, Spalier des Feldbataillons V./73, dichte Zuschauermengen, lebhafter Jubel, dankende Grüße der beiden Monarchen, großes militärisches Gefolge und Ansprachen vor dem historischen Gebäude des Kaiserhauses[3].

Im Gefolge der beiden Monarchen befinden sich

Generaloberst von Plessen, Generaladjutant von Kaiser Wilhelm

Generalmajor Prinz von Lobkowitz, Generaladjutant von Kaiser Karl

Baron Arz von Straußenburg, Chef des Generalstabes

Kundman, Oberst im Generalstabe, Chef der Detailabteilung beim k. u. k. Armeeoberkommando

von Cramon, deutscher General, dem k. u. k. Armeeoberkommando zugeteilt

Fleck, Major im Großen Generalstabe

Rittmeister von Wallerberg

Generalmajor Baron Klepsch-Kloth von Rhoden, zugeteilt Sr. Majestät dem Deutschen Kaiser, k. u. k. Militärbevollmächtigter

Oberst Baron Bienerth, k. u. k. Militärattaché beim Deutschen Großen Hauptquartier

Abb. 34: Der Generalstabschef des deutschen Heeres,
Generaldfeldmarschall von Hindenburg, am 2. Juli 1917 in Baden

Abb. 35: Der Erste Generalquartiermeister des deutschen Heeres, General der Infanterie Erich Ludendorff (links) und der Chef des k. u. k. Generalstabes, General der Infanterie Arz von Straußenburg (rechts), am 2. Juli 1917 vor dem Gebäude des Armeeoberkommandos in Baden.

die Abteilungschefs des Armeeoberkommandos:
Generalmajor Kaltenborn, Generalquartiermeister
General Schamschula, Chef des Feldtelegraphenwesens
Generalmajor Straub, Chef des Feldeisenbahnwesens
Konteradmiral von Winterhalder, Marinereferent
Oberst im Generalstabe Baron Waldstätten, Chef der Operationsabteilung
Oberst im Generalstabe Zeyneck, Chef der Quartiermeisterabteilung
Oberst im Generalstabe Ronge, Chef der Nachrichtenabteilung.
Mit dem Deutschen Kaiser waren noch gekommen:
General der Infanterie von Lyncker
Admiral von Müller
Oberhofmarschall Freiherr von Reischach
Wirkl. Geheimer Rat von Valentini
Legationsrat Freiherr von Grünau

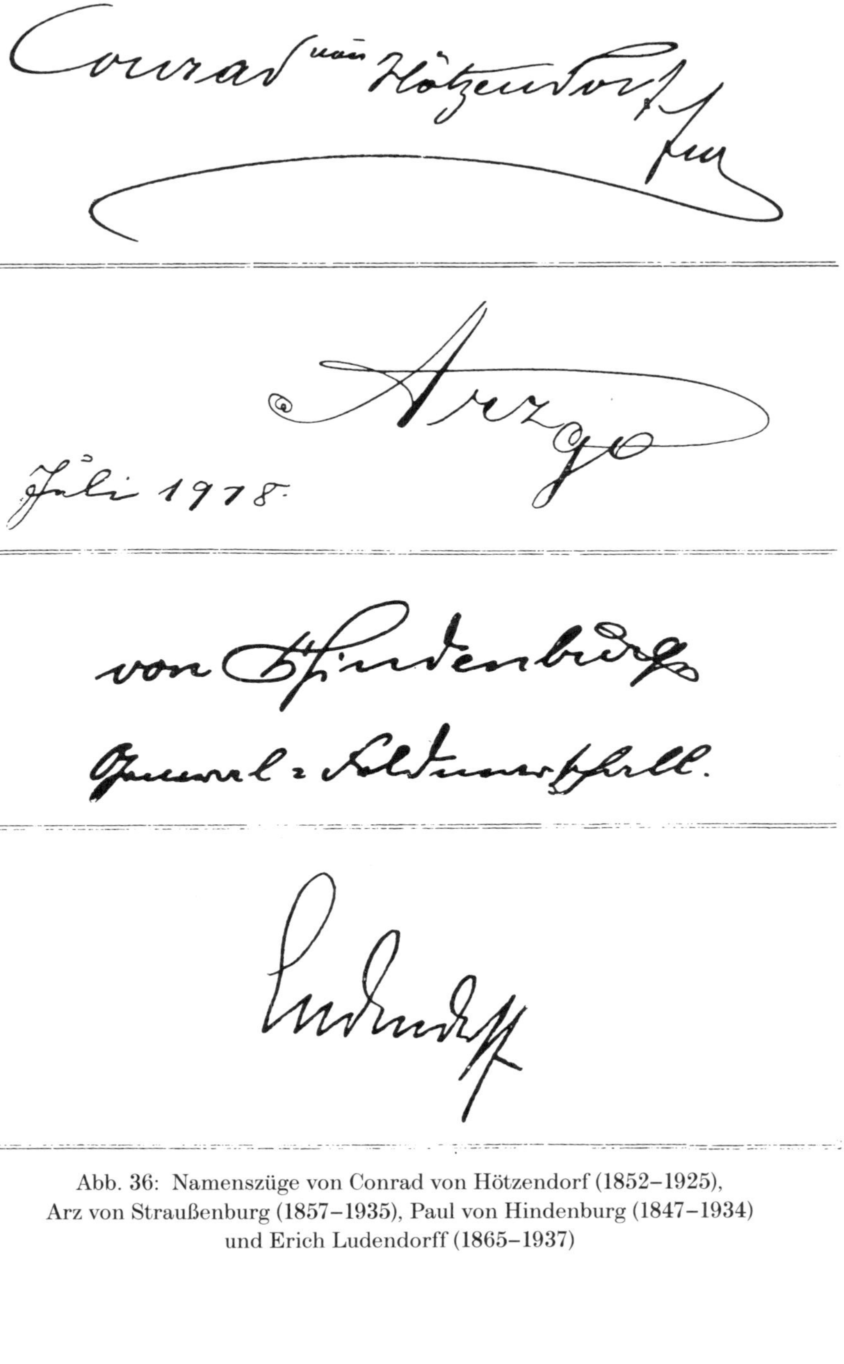

Abb. 36: Namenszüge von Conrad von Hötzendorf (1852–1925), Arz von Straußenburg (1857–1935), Paul von Hindenburg (1847–1934) und Erich Ludendorff (1865–1937)

Flügeladjutant Korvettenkapitän Burggraf und Graf zu Dohna-Schlobiten
Major von Hirschfeld
Hauptmann Meves
Stabsarzt Dr. Wezel
Generalstabshauptleute von Gerstorff und von Ilsenau[4].

Als übliche Höflichkeitsgeste trägt der deutsche Kaiser österreichische Uniform, während Kaiser Karl deutsche Uniform angelegt hatte.

Nach der Begrüßung durch Bürgermeister Dr. Trenner folgt eine Besprechung der beiden Monarchen im Arbeitszimmer von Kaiser Karl und eine Audienz des deutschen Kaisers für die Abteilungsvorstände des k. u. k. Armeeoberkommandos.

Die Badener Zeitung, die sich selbst als „deutsch-freiheitliches und unabhängiges Organ" bezeichnet, deutet den Besuch in der Kurstadt als Ausdruck der unerschütterlichen Einigkeit und Treue der beiden verbündeten Staaten[5].

Der Maler Carl Probst (1854–1924), der im Sommer stets in Baden lebt und arbeitet, hält das denkwürdige Ereignis in einem großformatigen Gemälde fest.

Das Bild ist im Rollettmuseum der Stadt Baden aufbewahrt.

Der 30. Geburstag von Kaiser Karl am 17. August 1917 wird in Baden in großem Stil und gemeinsam mit zahlreichen militärischen Persönlichkeiten und Vertretern der Zivilbehörden begangen.

Die Feiern sind auf die Öffentlichkeit hin ausgerichtet und darauf orientiert, alle sozialen Schichten und ein möglichst breites Publikum anzusprechen.

Im Mittelpunkt steht das Bemühen, Loyalität und persönliche Beziehung zum Kaiser darzustellen, eine Absicht, die von der Lokalpresse unterstützt wird.

Hinsichtlich der Gestaltung hält man sich an die bewährte Mischung aus religiösen und militärischen Feiern und sozialen Aktivitäten[6].

Höhepunkt des Kaisertages, gesellschaftliches Ereignis und publikumswirksame Schau ist die große Feldmesse im Kurpark, eingeleitet vom Abspielen der Volkshymne und der Defilierung der ausgerückten Truppen.

Sakrale Festmusik und Kanonenschüsse umrahmen die liturgische Handlung.

Festgottesdienste finden auch in der evangelischen Kirche und im Tempel der Israelitischen Kultusgemeinde statt.

Die Soldaten in den Militärspitälern werden mit eigenen Feiern und Geldspenden bedacht.

Unter Mitwirkung von in Baden ansässigen adeligen Damen hatte einige Tage vor dem eigentlichen „Kaisertag" in der Sommerarena und im Kurpark ein sorgfältig organisiertes und gut besuchtes Kaiserfest stattgefunden. Es dient zwar in erster Linie der Unterhaltung und der Sammlung von Spenden, doch ist der unverzichtbare Höhepunkt eine patriotische Festrede, das Abspielen der Volkshymne und die lebhaften Hochrufe auf den Kaiser[7].

In diesen von Emotionen getragenen Ritualen bleibt alles andere ausgeblendet[8].

Des Kaisers Geburtstag im Jahre 1918 nimmt einen ähnlich festlichen Verlauf – mit Beflaggung der Stadt, musikalischem Zapfenstreich um 6 Uhr früh, militärisch ausgerichteter Feldmesse und Festgottesdiensten aller in Baden vertretenen Konfessionen[9].

Abb. 37: Der Besuch des deutschen Kaisers Wilhelm II. am 6. Juli 1917 in Baden

1) Flügeladjutant Korvettenkapitän Graf und Burggraf zu Dohna-Schlobiten
2) Generalmajor Baron Klepsch-Kloth von R(h)oden, zugeteilt dem deutschen Kaiser, k.u.k. Militärbevollmächtigter
3) Generaladjutant Generaloberst von Plessen
4) Generaladjutant Prinz Lobkowitz mit der Feldbinde
5) Kaiser Wilhelm II. in österreichischer Generalsuniform
6) Kaiser Karl I. in preußischer Oberstinhaberuniform
7) Bürgermeister Dr. Trenner
8) Generalstabschef General Baron Arz von Straußenburg
9) Oberst Kundmann, Chef der Detailabteilung beim k.u.k. Armeeoberkommando
10)
11) General von Cramon, zugeteilt dem österreichischen Kaiser, deutscher Militärbevollmächtigter
12) Bezirkshauptmann von Bosizio
13) Pertew Pascha, türkischer Militärbevollmächtigter
15)
16)
17) Statthaltereikonzipist von Zahony

(10) 15) 16) konnten nicht ermittelt werden)

Der große militärische Erfolg der 12. Isonzoschlacht in der letzten Oktoberwoche des Jahres 1917, in deren Verlauf Görz und Udine erobert und riesige Geländegewinne bis zum Piave erzielt werden, veranlasst die Kurstadt zu einer spontanen Huldigung. Als Kaiser Karl am 2. November vom südlichen Kriegs-

(Kaiser Karl)

(Kaiser Wilhelm II.)

Abb. 38: Die Namenszüge der verbündeten Monarchen von Österreich-Ungarn und dem Deutschen Reich

schauplatz zurückkehrend, nach längerer Zeit wieder in Baden eintrifft, empfängt ihn die Bevölkerung mit Begeisterung. Die Häuser der Stadt werden rasch beflaggt. Vor dem Kaiserhaus versammeln sich die Spitzen des Armeeoberkommandos, der Geistlichkeit und der Behörden. Als das Auto des Kaisers vorfährt, erhebt sich Jubel. Die Schuljugend wirft dem Monarchen Blumensträuße zu und aus der vielköpfigen Menge erklingt die Volkshymne. Während des lange anhaltenden Jubels zeigt sich der Monarch an einem Fenster des Kaiserhauses und dankt sichtlich erfreut für den herzlichen Empfang[10].

Noch ganz unter dem Eindruck der Siegesnachrichten aus Italien und im Schmuck der Fahnen feiert man am 4. November den ersten Namenstag des Monarchen nach der Thronbesteigung mit den üblichen Festgottesdiensten[11].

Die Siegesfreude ist längst dem Eindruck der beginnenden Katastrophen gewichen, als der Kaiser am Karsamstag des Jahres 1918 mit den Kindern Otto, Adelheid und Robert an den kirchlichen Auferstehungszeremonien in der Frauenkirche und an dem Umzug teilnimmt. Hinter dem aufgestellten Militärspalier drängen sich die Bewohner der Stadt, erweisen dem Kaiser Ovationen und sind entzückt von den Kindern.

Während der Prozession von der Frauenkirche zur Dreifaltigkeitssäule und wieder zurück, haben die Badener die stets willkommene Gelegenheit, „ihren Kaiser" ganz aus der Nähe zu sehen[12].

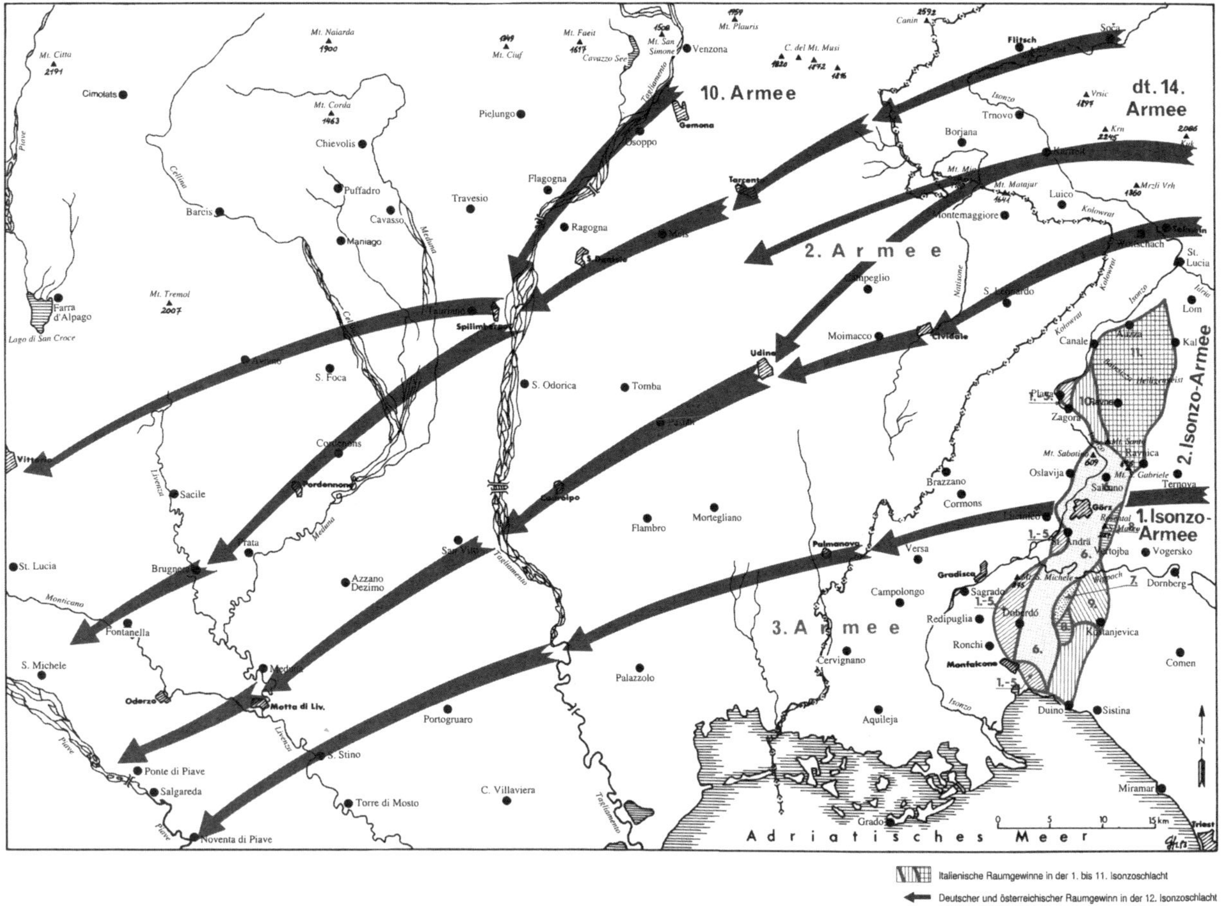

Abb. 39: Die zwölf Insonzoschlachten. Juni 1915–Dezember 1917

28. Der „unter dem Purpur“ geborene Sohn

Am 6. Februar 1918 übersiedelt Kaiser Karl aus Sicherheitsgründen mit seiner Familie und dem Hofstaat vom Schloss Laxenburg nach Baden[1].

Das schlichte und räumlich sehr beschränkte Gebäude am Hauptplatz wird damit zum „Allerhöchsten Hoflager“.

Das Katastrophenjahr 1918 hatte mit dem weitverbreiteten „Jännerstreik“ in Industriebetrieben, mit Hungerdemonstrationen und Plünderungen im zivilen Bereich begonnen.

Die Massenaufläufe der unzufriedenen, kriegsmüden Bevölkerung vor dem Schloss Laxenburg waren immer bedrohlicher geworden.

Mit der Verlegung der Residenz nach Baden, dem Sitz des Armeeoberkommandos, wird die dritte Edelweißdivision, bestehend aus zuverlässigen Tirolern, dorthin berufen.

Eine zusätzliche formelle Veränderung ist die Anordnung der Generaladjutantur vom 5. Mai 1918:

> „Gemäß Ah. Entschließung vom 5. Mai 1918 haben die Wachen am Ah. Hoflager in Wien und Budapest im Frieden und im Kriege und überdies auf die Dauer des gegenwärtigen Krieges in Baden mit Trommel aufzuziehen.“ (...)[2]

Die kaiserliche Familie kann in dem Gebäude nur sehr gedrängt unterkommen und sieht sich aus finanziellen Gründen überdies zu Einschränkungen genötigt, denn der junge Herrscher verfügt über bedeutend weniger Einnahmen als sein Vorgänger Franz Joseph.

Das Interesse und die lebhafte Teilnahme der Badener gilt am Sonntag, dem 10. März 1918, weder einem politischen noch einem militärischen Ereignis, sondern der Geburt eines Kaisersohnes. Zita wird bei der Niederkunft im Sanatorium Dr. Lantin, welches sich auf dem Areal des Hotels Gutenbrunn befindet, betreut.

Der in der Kurstadt geborene Sohn ist der einzige Porphyrogenet, der einzige „unter dem Purpur“, d. h. während der Regierungszeit des Kaisers geborene Sohn[3].

Dieser in der Neuzeit etwas unüblich gewordene bildhafte Ausdruck wurde im Mittelalter häufig und sehr zielgerichtet verwendet.

Die Geburt des Erzherzogs wird in althergebrachter Weise mit 101 Kanonenschüssen verkündet und für das Militär genaue Anweisungen für die Teilnahme an den darauf folgenden Gottesdiensten erlassen[4].

In Baden kommt es zu der beinahe schon selbstverständlichen Beflaggung der Häuser und zu spontanen Ovationen auf dem Platz vor dem Kaiserhaus, als sich der Monarch inmitten seiner Kinderschar an einem Fenster zeigt.

Die Badener Lokalpresse betont das vorbildliche Familienleben des jungen Kaiserpaares und bringt den Wunsch zum Ausdruck, „daß dieses Sonntagskind zu einem Glücksbringer für die gesamte kaiserliche Familie werde“[5].

Abb. 40: Die Kinder Robert (*1915), Felix (*1916), Adelheid (*1914) und Otto (*1912) (v. l. n. r.)

Angesichts dieser Begegnungen mit dem Kaiser ergeben sich Vergleiche mit dem schlichten und betont bürgerlichen Familienleben des Kaisers Franz in demselben Gebäude.

Ausflüge mit dem Pferdewagen sind bei den Kindern von Karl und Zita ebenso beliebt wie in der Biedermeierzeit und führen häufig in das nahe gelegene Helenental[6].

Die Taufe des neugeborenen Erzherzogs Carl-Ludwig findet am 12. März 1918 im Kaiserhaus statt. Kardinal Friedrich Gustav Piffl (1864–1932, 1913–1932 Erzbischof von Wien, ab 1914 Kardinal) nimmt den Taufakt vor. Die Taufgäste versammeln sich im Arbeitszimmer des Kaisers, während sich weitere Gäste im Speisezimmer einfinden. Die Beengtheit ist so groß, dass man nicht weiß, wohin mit den vielen Gästen[7].

Anlässlich der Geburt wird in Baden eine Wohltätigkeits-Stiftung für Wöchnerinnen-, Mutterschafts- und Kleinkinderpflege mit dem Namen „Carl Ludwig-Stiftung der Kaiserin Zita“ ins Leben gerufen[8].

Die dafür gespendeten Geldmittel ermöglichen die Einrichtung eines Entbindungs- und Wöchnerinnenheimes in dem Gebäude Kaiser Franz-Ring 50. Die Eröffnung des Heimes findet im August in Anwesenheit der Monarchin, des Ministers für Volksgesundheit und zahlreicher geladener Gäste statt und erfüllt den vorgesehenen Zweck bis 1939[9].

Noch am Tag der Geburt telegraphiert Graf Czernin aus Bukarest an den Kaiser:

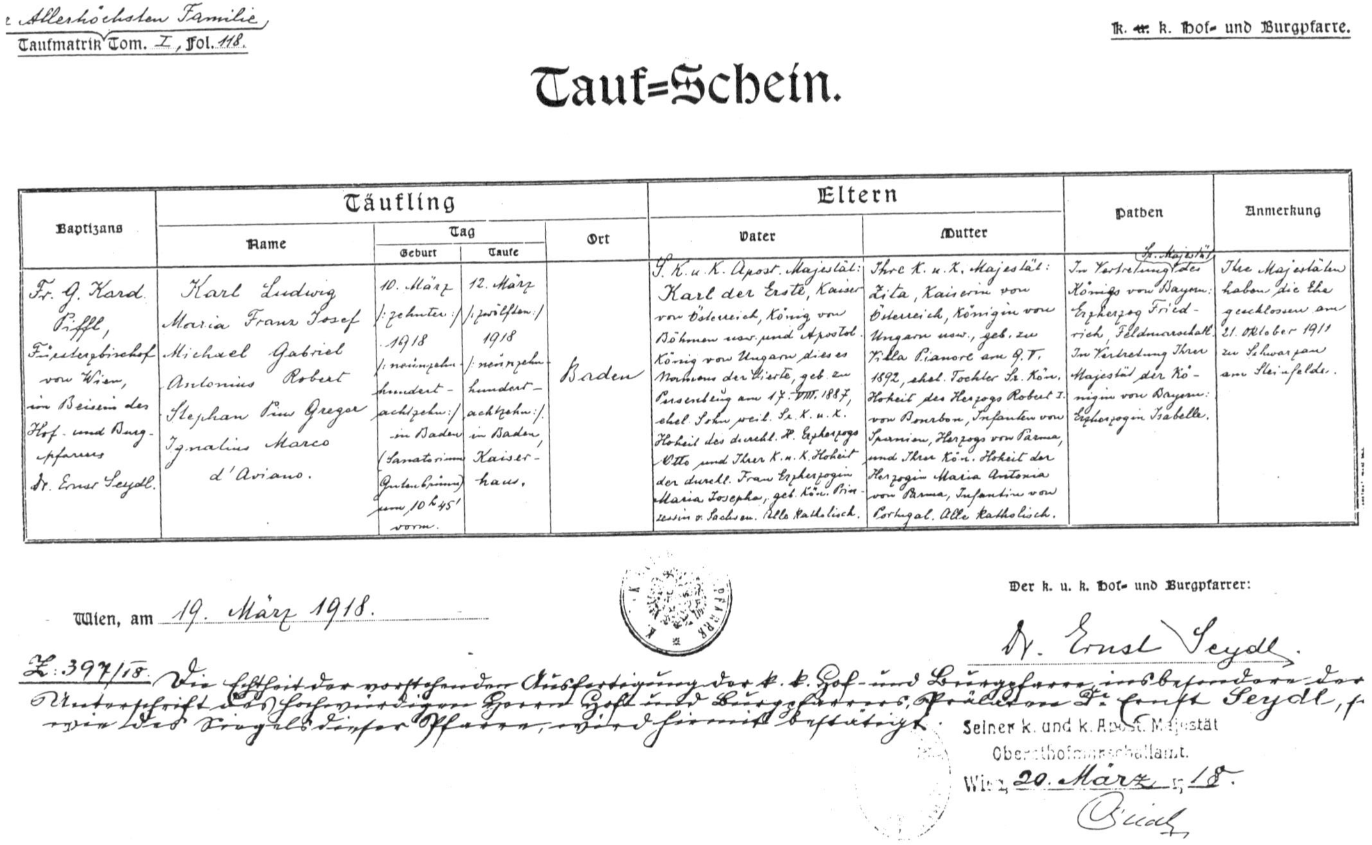

Allerhöchsten Familie
Taufmatrik Tom. I, Fol. 118.

K. u. k. Hof- und Burgpfarre.

Tauf-Schein.

Baptizans	Täufling: Name	Täufling: Tag: Geburt	Täufling: Tag: Taufe	Täufling: Ort	Eltern: Vater	Eltern: Mutter	Pathen	Anmerkung
Fr. G. Kard. Piffl, Fürsterzbischof von Wien, im Beisein des Hof- und Burgpfarrers Dr. Ernst Seydl.	Karl Ludwig Maria Franz Josef Michael Gabriel Antonius Robert Stephan Pius Gregor Ignatius Marco d'Aviano.	10. März (: zehnten :) 1918 (: neunzehnhundertachtzehn :) in Baden (Sanatorium Gutenbrunn) um 10 h 45' vorm.	12. März (: zwölften :) 1918 (: neunzehnhundertachtzehn :) in Baden, Kaiserhaus.	Baden	S. K. u. K. Apost. Majestät: Karl der Erste, Kaiser von Österreich, König von Böhmen usw. und Apostol. König von Ungarn dieses Namens der Vierte, geb. zu Persenbeug am 17. VIII. 1887, ehel. Sohn weil. Sr. K. u. K. Hoheit des durchl. H. Erzherzogs Otto und Ihrer K. u. K. Hoheit der durchl. Frau Erzherzogin Maria Josepha, geb. Kön. Prinzessin v. Sachsen. Alle katholisch.	Ihre K. u. K. Majestät: Zita, Kaiserin von Österreich, Königin von Ungarn usw., geb. zu Villa Pianore am 9. V. 1892, ehel. Tochter Sr. Kön. Hoheit des Herzogs Robert I. von Bourbon, Infanten von Spanien, Herzogs von Parma, und Ihrer Kön. Hoheit der Herzogin Maria Antonia von Parma, Infantin von Portugal. Alle katholisch.	In Vertretung Sr. Majestät des Königs von Bayern: Erzherzog Friedrich, Feldmarschall. In Vertretung Ihrer Majestät der Königin von Bayern: Erzherzogin Isabella.	Ihre Majestäten haben die Ehe geschlossen am 21. Oktober 1911 zu Schwarzau am Steinfelde.

Wien, am 19. März 1918.

Der k. u. k. Hof- und Burgpfarrer:
Dr. Ernst Seydl.

Z: 397/18. Die Echtheit der vorstehenden Ausfertigung der k. k. Hof- und Burgpfarre insbesondere der Unterschrift des hochwürdigen Herrn Hof- und Burgpfarrers, Prälaten Dr. Ernst Seydl, sowie des Siegels dieser Pfarre, wird hiermit bestätigt.

Seiner k. und k. Apost. Majestät
Obersthofmarschallamt.
Wien, 20. März 1918.

Abb. 41: Taufschein des in Baden geborenen Kaiserssohnes

„Wolle Eure Majestät und Ihre Majestät meine innigsten Glückwünsche entgegennehmen. Dieses Kind ist an der Schwelle einer großen Zeit geboren. Es erblickt die Welt in dem Augenblicke, als die ersten Frieden sich Bahn brechen. Möge ihm dieses Wahrzeichen Glück in seinem Leben bringen und der Allmächtige es beschützen auf allen seinen Wegen."[10]

In seinem Text nimmt der Absender Bezug auf den im Auftrag seines Monarchen erzielten Friedensvertrag mit Russland vom 3. März 1918 in Brest-Litowsk.

Der Erfolg erhöht das Ansehen des Ministers und sein schon bisher nicht geringes Selbstbewusstein.

29. Der Anfang vom Ende

Trotz erzielter Teilerfolge wird das Jahr 1918 zum Katastrophenjahr für die Monarchie.

Der ab Mitte 1917 deutlich werdende Loyalitätsverlust verstärkt sich im Jänner 1918 aus Hunger und Friedenssehnsucht in bedrohlicher Weise.

Immer mehr wird Kaiser Karl und die von ihm bestellte Regierung für die Fortführung des Krieges und für die gewaltigen Opfer der Soldaten und der Zivilbevölkerung verantwortlich gemacht[1]. Ein streng geheimer, eigenhändig geschriebener und versiegelter Brief Czernins an den Grafen Demblin, seinen in Baden stationierten Verbindungsmann zum Kaiser, hat die deutlich gesunkene Popularität des Monarchen zum Inhalt. Er ist mit 5. Februar 1918 datiert[2].

Desertionen schwächen die Armee.

Die Zersetzung des Reiches macht ständig Fortschritte.

Nationalistisch gesinnte Tschechen und Polen, Ruthenen und Südslawen empören sich über den Habsburgerstaat; die ethnischen Sprünge beschleunigen die Katastrophe.

Die vom amerikanischen Präsidenten Wilson am 8. Jänner 1918 im Rahmen seiner „Vierzehn Punkte" geforderte autonome Entwicklung für die Donaumonarchie bringt entscheidende zusätzliche Sprengkraft von außen für deren Völker.

In literarischer Form legt Joseph Roth (1894–1939), der Autor des bilderreichen Romanes „Radetzkymarsch", diese Gedanken einem polnischen Grafen in den Mund: ... „wie lange noch? Die Zeit will uns nicht mehr! Diese Zeit will sich erst selbständige Nationalstaaten schaffen! (...) Die neue Religion ist der Nationalismus."[3]

Im April 1918 wird die „Sixtusaffäre" zur persönlichen und politischen Tragödie für den mit allen Mitteln Frieden suchenden Habsburger und sein Reich.

Von Jänner bis Mai 1917 hatte der Kaiser mit Wissen seines Ministers des Äußern vertrauliche Friedensverhandlungen mit Frankreich durch seinen Schwager, den belgischen Offizier Prinz Sixtus von Bourbon-Parma, angebahnt[4].

In einem Schreiben erklärt sich der Monarch bereit, Rückforderungsansprüche Frankreichs auf Elsaß-Lothringen zu unterstützen. Die streng geheimen Verhandlungen, in die auch Großbritannien eingebunden ist, scheitern jedoch am Einspruch Italiens.

Als im April 1918 der französische Ministerpräsident Georges Clemenceau (1841–1929) die geheim zu haltenden „Sixtusbriefe" des österreichischen Kaisers aus dem Jahre 1917 veröffentlicht, lehnt es Graf Czernin ab, seinen Kaiser zu decken und im Interesse der Dynastie und des Gesamtstaates die Verantwortung für die Briefe und die Affäre zu übernehmen[5].

Die erregten Auseinandersetzungen beginnen am 9. April 1918 und erreichen am 12. und 13. April dramatische Höhepunkte im Kaiserhaus zu Baden.

In seiner aktenmäßigen Darstellung „Sixtusaffäre“ hält Czernin den Vorschlag fest, der Kaiser möge sich für einige Monate zurückziehen und dem Erzherzog Eugen die provisorische Regentschaft übergeben.

Und weiter heißt es: „Den nächsten Morgen wurde ich nach Baden zitiert, jedoch nicht vom Kaiser, sondern von der Kaiserin empfangen, welche kategorisch erklärte, mein letzter Vorschlag sei ganz undiskutierbar, der Kaiser werde auf seinem Posten bleiben, man müsse die Sache auskämpfen.“ (...)

„In dieser Unterredung fielen seitens Ihrer Majestät wie meinerseits sehr harte Worte. Ich bat die Kaiserin, die Conversation mit dem Kaiser fortsetzen zu dürfen und gab ihm, als er kam, meine Demission, die er sofort annahm.“[6]

Die ausführliche Schilderung Demblins hält den 14. April als entscheidendes Datum fest. An diesem Tag findet im Kaiserhaus zu Baden unter dem Vorsitz des Monarchen ein Ministerrat statt, an dem die drei gemeinsamen Minister, Außenminister Graf Czernin, Finanzminister Graf Burián (1851–1922) und Kriegsminister Stöger-Steiner sowie der österreichische Ministerpräsident Dr. Seidler (1862–1931) und der ungarische Ministerpräsident Dr. Wekerle (1848–1921) teilnehmen.

Die entscheidende Besprechung, in der Czernin demissioniert, findet in einer Sitzungsunterbrechung statt[7].

Zita notiert in ihrem Tagebuch:

„Furchtbare Szene mit Czernin. Er versucht den Kaiser nochmals zum Rücktritt zu bewegen, als das nicht gelingt, bekommt er eine Nervenkrise, weint und gibt plötzlich seine Demission, die Seine Majestät sofort annimmt.“[8]

In Verbindung mit dem jähen Ende der Ministerkarriere des Grafen Czernin richtet die gesamte Affäre nicht wieder gutzumachenden Schaden an, da der einstige Vertraute der kaiserlichen Familie nunmehr vorrangig auf eigenes Ansehen und eigene Ehrenrettung bedacht ist.

Wie alle Minister hatte auch er vor seinem Amtsantritt in die Hände des Monarchen einen Eid mit folgender Einleitungsformel abgelegt:

„Sie werden einen Eid zu Gott dem Allmächtigen schwören und bei Ihrer Ehre und Treue geloben, dem Allerdurchlauchtigsten Großmächtigsten Fürsten und Herrn Karl dem Ersten, von Gottes Gnaden Kaiser von Österreich, Könige von Böhmen usw. und Apostolischen Könige von Ungarn, unserem Allergnädigsten Herrn, und nach Ihm den aus Allerhöchstdessen Stamme und Geblüte nachfolgenden Erben gehorsam und gewärtig zu sein, Seiner Majestät Nutzen und Ehre bestens zu befördern, dagegen aber Nachteil und Schaden nach all Ihren Kräften und Vermögen abzuwenden und zu wahren.“[9]

Von deutscher Seite wird die Affäre als Verrat dargestellt und von einer großangelegten Pressecampagne gegen Karl und Zita begleitet.

Kaiser Karl sieht sich genötigt, am 12. Mai 1918 von Baden aus nach Spa zum deutschen Monarchen zu reisen und dort eine Militärkonvention zu unterzeichnen, welche die Donaumonarchie in volle Abhängigkeit vom Deutschen Reich bringt[10].

Die Wege zu einer eigenständigen Friedenspolitik sind ab nun versperrt.

Die Beliebtheit des Kaiserpaares erreicht ihren Tiefpunkt. Ein Zeitzeuge notiert am 28. April in sein Tagebuch, „daß bei Ovationen für Kaiser und Kaiserin einige hundert Detektive und gemietete Menschen mit weißen Sacktüchern winken und daß es unverantwortlich sei, die Majestäten so zu täuschen“[11].

Unter dem Eindruck von Gerüchten verläuft am 9. Mai 1918 Zitas 26. Geburstag im Kaiserhaus zu Baden. Am Vormittag findet dort eine stille Messe statt und am Nachmittag bringen alle nicht im Felde weilenden Mitglieder der kaiserlichen Familie der Kaiserin ihre Glückwünsche dar[12].

Ungeachtet der jüngsten Ereignisse verhält sich das offizielle Baden gleichbleibend loyal.

Am Vorabend des Geburtstages findet ein Zapfenstreich mit Musik statt.

Am Geburstag selbst weist die Stadt reichen Flaggenschmuck auf; in den Kirchen finden die üblichen Festgottesdienste statt. Abends setzt sich vom Kurpark ein großer Fackelzug in Bewegung und nimmt vor dem Kaiserhaus Aufstellung. Auf dem Balkon erscheint das Kaiserpaar und nimmt die Ovationen entgegen[13].

Baden hat sich seit Beginn des Jahres 1917 vollständig verändert. Es genießt Vorteile durch die Anwesenheit des Armeeoberkommandos in Form von Zuwendungen an Holz, Kohle, Nahrungsmitteln und Fuhrwerken. Für vordringliche und umfangreiche Arbeiten werden der Gemeinde Soldaten zur Verfügung gestellt. Die zum Militär gehörige Musikkapelle erfreut sich allgemeiner Beliebtheit und der strenge Tag- und Nachtdienst der Offiziere bleibt nicht unbemerkt.

Der Oberste Kriegsherr wird jedesmal mit Freude begrüßt, wenn er sich zu Fuß oder mit dem Automobil zu seinen bescheidenen Arbeitsräumen begibt und erwidert in herzlicher Weise den Gruß jedes einzelnen[14].

Die Bäderstadt ist zum Zentrum der Kriegsführung, das Kaiserhaus fallweise zum Zentrum der Politik geworden und aus der räumlichen Nähe entsteht der Gedanke der Zusammengehörigkeit.

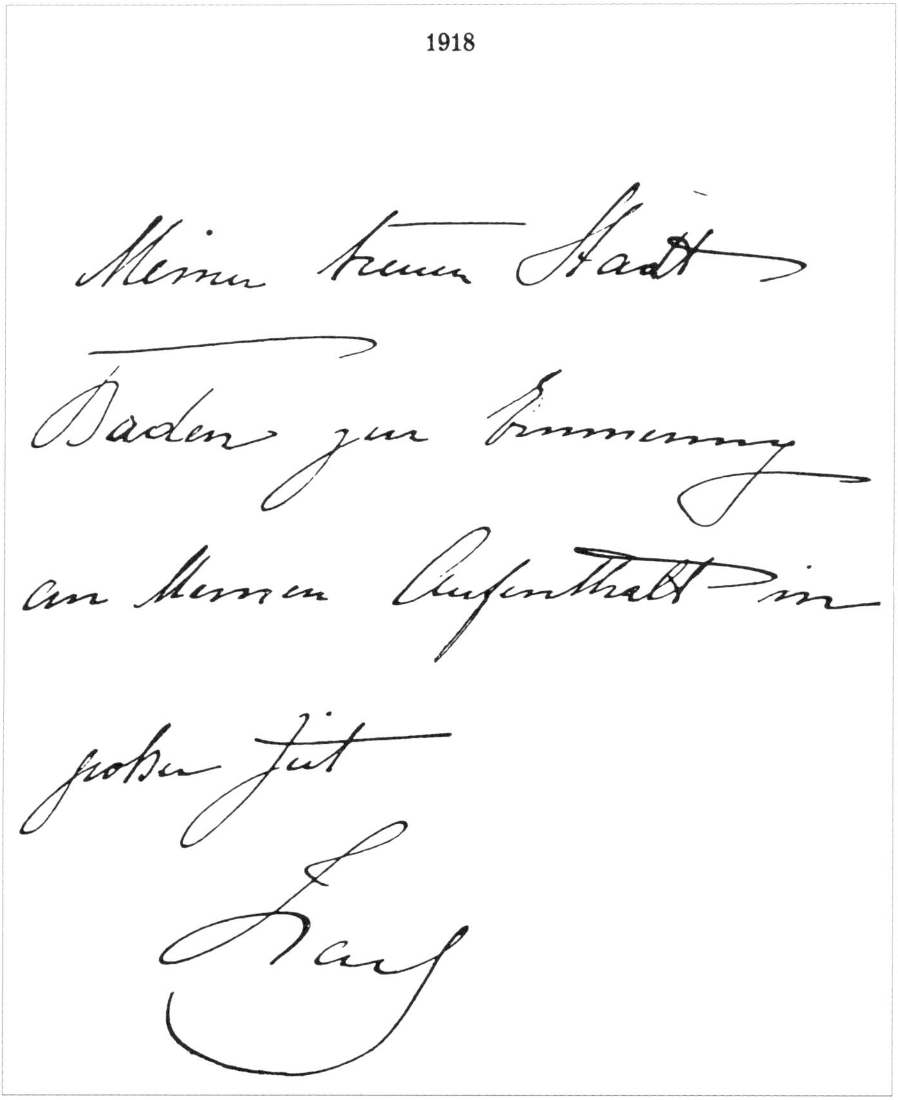

1918

Meiner treuen Stadt Baden zur Erinnerung an Meinen Aufenthalt in großer Zeit

Karl

Abb. 42: Handschreiben des Kaisers Karl

30. Das Ende

Nach der „Sixtusaffäre“ reihen sich neue Katastrophen aneinander.

Am 15. Juni 1918 beginnt in Venetien die größte Offensive des k. u. k. Heeres, landläufig auch Piave-Offensive genannt.

Sie soll den Alliierten das Abziehen von Truppen aus Italien und deren Verschiebung nach dem Westen unmöglich machen und überdies den militärischen Zusammenbruch Italiens bewirken[1]. Die rund zehn Tage dauernden Kampfhandlungen stehen unter dem Kommando des Feldmarschalls Conrad von Hötzendorf und seines Gegenspielers Feldmarschall Svetozar Boroević von Bojna (1856–1920), der seit Kriegsbeginn die Verteidigung am Isonzo führt und sich in elf Schlachten großes Ansehen und den Beinamen „Löwe vom Isonzo“ erworben hatte[2].

Die Offensive scheitert vor allem an uneinheitlichen strategischen Zielvorgaben, an deren Zustandekommen auch Kaiser Karl beteiligt ist[3].

Mit dem Verlust der Junischlacht in Venetien hat das Ansehen der Monarchie und des Armeeoberkommandos ungemein gelitten. Feldmarschall Conrad erhält am 14. Juli seinen Abschied.

Allen Beteiligten drängt sich nun die Erkenntnis auf, dass die Entscheidung des Krieges im Westen fallen wird. Bis zum Sommer sammeln sich in Frankreich über zwei Millionen amerikanische Soldaten, die ohne Verluste über den Atlantik nach Europa gekommen waren[4].

Im Westen zeigt sich, dass die Deutschen ebenfalls dem Ende nahe sind. Mit der Schlacht von Amiens beginnt die Front einzubrechen. Der 8. August 1918 ist der „Schwarze Tag des deutschen Heeres“. Die Wende an der Balkanfront bringt der militärische Zusammenbruch Bulgariens. Am 26. September 1918 bittet Bulgarien um Waffenstillstand. Am 18. Oktober ersuchen auch die Türken um Waffenruhe[5].

Im Wettlauf mit der Zeit und in größter Gefahr für den Bestand der Donaumonarchie entschließt sich Kaiser Karl, die seit langem geplante Verfassungsreform in Angriff zu nehmen[6]. Der Plan steht in engster Beziehung zur Friedensanbahnung, soll den Vereinigten Staaten von Amerika beweisen, dass die Annahme der 14 Punkte durch Österreich-Ungarn ernst gemeint ist und damit die Antwort Wilsons an den Habsburgerstaat günstig beeinflussen.

Seit Mitte September ist es die Aufgabe von Baron Johann Andreas Eichhoff (1871–1963), als Vertreter des Innenministeriums beim Armeeoberkommando, im Auftrag des Kaisers den Text für ein Manifest zu überarbeiten, das einen föderativen Umbau Cisleithaniens vorsieht[7].

Am 12. Oktober 1918 hält Kaiser Karl in Baden – in der „Villa Löwenstein“ unweit des Kaiserhauses – Massenaudienzen ab, die beträchtliches Aufsehen erregen und den Zweck verfolgen, die Haltung der verschiedenen Parlamentsparteien zu der geplanten Verfassungsreform zu sondieren[8].

Das Manifest, das laut Eichhoff nur als „eine Art Auftakt“ verstanden werden darf, wird am 16. Oktober unterzeichnet.

Der Reinertrag ist wohltätigen Zwecken zugedacht; dessen Verwendung wird in der letzten Nummer jedes Monats bekanntgegeben.

Abonnementsaufträge werden nur von militärischen Stellen und nur im Wege des vorgesetzten AOK., AK., (Quartiermeisterabteilungen), Festungs-, Militär-, Kreis- oder Platzkommandos entgegengenommen. Monatsabonnement 3 Kronen.	**FELDBLATT** Erscheint täglich.	Nur Abonnementanfragen werden beantwortet. Weitergabe an Zivilpersonen ist unstatthaft. Für richtige Schreibweise der Eigennamen wird nicht gebürgt. Anschrift f. Sendungen: FELDBLATT, Feldpostamt 51.

Nummer 1448	Lukas Ev.	Freitag, 18. Oktober 1918

Wien, 17. X., K. B. — Eine Extraausgabe der „Wiener Zeitung" veröffentlicht nachstehendes Allerhöchstes Manifest:

An Meine getreuen österreichischen Völker!

Seitdem Ich den Thron bestiegen habe, ist es Mein unentwegtes Bestreben, allen Meinen Völkern den ersehnten Frieden zu erringen sowie den Völkern Oesterreichs die Bahnen zu weisen, auf denen sie die Kraft ihres Volkstums unbehindert durch Hemmnisse und Reibungen zur segensreichen Entfaltung bringen und für ihre geistige und wirtschaftliche Wohlfahrt erfolgreich verwerten können.

Das furchtbare Ringen des Weltkrieges hat das Friedenswerk bisher gehemmt. Heldenmut und Treue — opferwilliges Ertragen von Not und Entbehrungen — haben in dieser schweren Zeit das Vaterland ruhmvoll verteidigt. Die harten Opfer des Krieges mußten Uns den ehrenvollen Frieden sichern, an dessen Schwelle Wir heute mit Gottes Hilfe stehen.

Nunmehr muß ohne Säumnis der Neuaufbau des Vaterlandes auf seinen natürlichen und daher zuverlässigsten Grundlagen in Angriff genommen werden. Die Wünsche der österreichischen Völker sind hiebei sorgfältig mit einander in Einklang zu bringen und der Erfüllung zuzuführen. Ich bin entschlossen, dieses Werk unter treuer Mitwirkung Meiner Völker im Geiste jener Grundsätze durchzuführen, die sich die verbündeten Monarchen in ihrem Friedensanbote zu eigen gemacht haben. Oesterreich soll dem Willen seiner Völker gemäß zu einem Bundesstaate werden, in dem jeder Volksstamm auf seinem Siedelungsgebiete sein eigenes staatliches Gemeinwesen bildet. Der Vereinigung der polnischen Gebiete Oesterreichs mit dem unabhängigen polnischen Staate wird hiedurch in keiner Weise vorgegriffen. Die Stadt Triest samt ihrem Gebiete erhält den Wünschen ihrer Bevölkerung entsprechend eine Sonderstellung.

Diese Neugestaltung, durch die die Integrität der Länder der ungarischen heiligen Krone in keiner Weise berührt wird, soll jedem nationalen Einzelstaate seine Selbständigkeit gewährleisten. Sie wird aber auch gemeinsame Interessen wirksam schützen und überall dort zur Geltung bringen, wo die Gemeinsamkeit ein Lebensbedürfnis der einzelnen Staatswesen ist. Insbesondere wird die Vereinigung aller Kräfte geboten sein, um die großen Aufgaben, die sich aus den Rückwirkungen des Krieges ergeben, nach Recht und Billigkeit erfolgreich zu lösen.

Bis diese Umgestaltung auf gesetzlichem Wege vollendet ist, bleiben die bestehenden Einrichtungen zur Wahrung der gemeinsamen Interessen unverändert aufrecht. Meine Regierung ist beauftragt, zum Neuaufbau Oesterreichs ohne Verzug alle Arbeiten vorzubereiten. An die Völker, auf deren Selbstbestimmung das neue Reich sich gründen wird, ergeht Mein Ruf, an dem großen Werke durch Nationalräte mitzuwirken, die — gebildet aus den Reichsratsabgeordneten jeder Nation — die Interessen der Völker zu einander sowie im Verkehr mit Meiner Regierung zur Geltung bringen sollen.

So möge Unser Vaterland, gefestigt durch die Eintracht der Nationen, die es umschließt, als Bund freier Völker aus den Stürmen des Krieges hervorgehen. Der Segen des Allmächtigen sei über Unserer Arbeit, damit das große Friedenswerk, das Wir errichten, das Glück aller Meiner Völker bedeute.

WIEN, 16. Oktober 1918.

KARL m. p.

HUSSAREK m. p.

Gleichzeitig wendet sich Seine Majestät folgendermaßen an Armee und Flotte:

ARMEE- UND FLOTTENBEFEHL.

Den Wünschen aller Völker Oesterreichs entsprechend, erfolgt ihr Zusammenschluß in nationale Staaten, vereint in einen Bundesstaat. Werden hiedurch einerseits Hemmungen beseitigt, die im Zusammenleben der Völker bestanden haben, so soll andrerseits geeintem Schaffen zum Wohle des eigenen Volkes und des Vaterlandes künftighin ungehemmt freie Bahn offen sein.

Abb. 43: Das Völkermanifest vom 16. Oktober 1918

Bis zur „Umgestaltung auf gesetzmäßigem Wege“ sollen die „bestehenden Einrichtungen“ in voller Geltung bleiben[9].

Das als Instrument des Friedens gedachte Manifest wird jedoch im Ausland wenig beachtet. Umso gewaltiger ist die Wirkung im Inland. Es wird als Aufforderung an die Völker verstanden, völlige Unabhängigkeit zu fordern[10].

An der Front löst das Manifest bei kämpfenden nichtdeutschen Truppenteilen Unruhen, Meutereien und Befehlsverweigerungen aus. Am 23. Oktober drahtet Feldmarschall Boroević an das Armeeoberkommando in Baden:

„Das Manifest des Kaisers und die Reden der Volks**ver**führer in den Parlamenten und Nationalversammlungen haben bei verschiedenen Truppen höchst verwirrend gewirkt. (...) Die Folgen könnten unabsehbar werden.“ (...)[11]

Am 24. Oktober 1918 beginnt die alliierte Offensive am Piave, welcher die k. u. k. Truppen infolge von Massendesertionen erliegen, trotz Erzielung von Abwehrerfolgen.

Die österreichischen Truppen strömen zurück nach Norden. Die letzte blutige Werbung um Italien ist zusammengebrochen.

Der Schmerz reicht weit zurück in historische Vergangenheiten: „Zurückblieb die alte Ehre Österreichs am Rande seiner ruhmvollen Schlachtfelder, ja, und zurückblieb auch das Herz, das dieses Land am Fuße der Alpen, jenseits der Kalkmauern geliebt hatte mit allen Fasern der Sehnsucht.“ (...)

„Hinüber über die Berge, fort aus diesem bräutlichen geliebten Lande, dem schon so oft und so innig und so blutig umarmten!“[12]

Polen, Tschechen, Südslawen, Ungarn und Italiener, sie alle sind nicht mehr zu halten. Die Völker der Donaumonarchie sagen sich vom Hause Habsburg los und gründen eigene Staaten.

Indessen wird unter der Führung des Generals Viktor Weber von Webenau (1861–1932) eine österreichisch-ungarische Waffenstillstandskommission gebildet, die sich in das italienische Hauptquartier bei Padua begibt. Die Kommission verhandelt für die gesamte Front und für alle Armeen. Zwischen 31. Oktober und 6. November 1918 kommt es zu einem intensiven und weltgeschichtlich bedeutsamen Depeschenwechsel zwischen dem Armeeoberkommando und der Waffenstillstandskommission in der Villa Giusti bei Padua. Die Depeschen gehen über Pola und Budapest nach Baden und umgekehrt[13].

Um den Waffenstillstand nicht selbst unterzeichnen zu müssen, legt Kaiser Karl in der Nacht zum 3. November den Oberbefehl nieder und ernennt an seiner Stelle den Feldmarschall Kövess von Kövessháza (1854–1924) zum Armeeoberkommandanten.

Am 3. November 1918 um drei Uhr nachmittags tritt der mit dem italienischen Höchstkommando im Namen der Alliierten abgeschlossene Waffenstillstand in Kraft. Laut dem bereits in den frühen Morgenstunden einlangenden Befehl des Armeeoberkommandos sind die Feindseligkeiten der österreichisch-ungarischen Truppen sofort einzustellen.

Die Gegner hatten sich jedoch ausbedungen, die Vorrückung bis zum 4. November drei Uhr nachmittags fortsetzen zu können. In den unglückseligen letzten 36 Stunden geraten an der Südwestfront über 300.000 Mann der österreichisch-ungarischen Streitkräfte unverschuldet in Gefangenschaft[14].

Der Zusammenbruch ist total. Von den an der Front Befindlichen weiß niemand, warum der Waffenstillstand um 36 Stunden zu früh verkündet wurde.

Am 6. November 1918 ist das Armeeoberkommando im Begriffe, Baden zu verlassen und nach Wien zu übersiedeln.

Als neuerlicher Beweis des Entgegenkommens werden der Stadt Baden eine große Menge an Lebensmitteln übergeben und Waffen für die Schaffung einer Volkswehr (Bürgergarde) in Aussicht gestellt[15].

Für das in Auflösung befindliche Heer gibt es nichts mehr zu befehlen.

Unter dem Druck der Ereignisse und nach schweren inneren Kämpfen verzichtet Kaiser Karl am 11. November 1918 im Blauen Salon des Schlosses Schönbrunn auf jeden Anteil an den Staatsgeschäften. Der Text der Erklärung wird in den Zeitungen und in Form von Plakaten kundgemacht.

Am 12. November 1918 wird von der Provisorischen Nationalversammlung die Republik Deutschösterreich ausgerufen.

Am 13. November 1918 verzichtet der Monarch als ungarischer König Karl IV. nach einer den ganzen Tag andauernden Verhandlung mit einer ungarischen Delegation im Schloss Eckartsau (Niederösterreich) auf seinen Anteil an den Regierungsgeschäften.

Am 16. November 1918 wird die ungarische Republik ausgerufen[16].

Für die Monarchie als übernationale Staatsform gibt es in einer in Nationalstaaten zerfallenen Welt keinen Platz mehr[17].

In der Badener Frauenkirche erinnert eine bronzene Gedenktafel an den Aufenthalt des Monarchen in den letzten beiden Kriegsjahren:

Zur
Erinnerung
an den
fern von der Heimat
verstorbenen
KAISER KARL
der in den Kriegsjahren
1917–1918
die hl. Messe
hier zu hören pflegte.
R. I. P.

Kaiser Karl stirbt am 1. April 1922 im Exil auf der Insel Madeira und ist in der Kirche „Nossa Senhora do Monte“ bestattet.

Das ärarische Gebäude am Hauptplatz, das Franz I. im Jahre 1813 für „seinen persönlichen Gebrauch“ hatte ankaufen lassen und welches bis heute in Baden allgemein als „Kaiserhaus“ bezeichnet wird, geht in der Folge in das Eigentum der Republik Österreich über.

Seit Meiner Thronbesteigung war Ich unablässig bemüht, Meine Völker aus den Schrecknissen des Krieges herauszuführen, an dessen Ausbruch Ich keinerlei Schuld trage.

Ich habe nicht gezögert, das verfassungsmäßige Leben wieder herzustellen und habe den Völkern den Weg zu ihrer selbständigen staatlichen Entwicklung eröffnet.

Nach wie vor von unwandelbarer Liebe für alle Meine Völker erfüllt, will Ich ihrer freien Entfaltung Meine Person nicht als Hindernis entgegenstellen.

Im voraus erkenne Ich die Entscheidung an, die Deutschösterreich über seine künftige Staatsform trifft.

Das Volk hat durch seine Vertreter die Regierung übernommen. Ich verzichte auf jeden Anteil an den Staatsgeschäften.

Gleichzeitig enthebe Ich Meine österreichische Regierung ihres Amtes.

Möge das Volk von Deutschösterreich in Eintracht und Versöhnlichkeit die Neuordnung schaffen und befestigen. Das Glück Meiner Völker war von Anbeginn das Ziel Meiner heißesten Wünsche.

Nur der innere Friede kann die Wunden dieses Krieges heilen.

Karl m. p.

Lammasch m. p.

Abb. 44: Plakat mit der Verzichtserklärung vom 11. November 1918

31. Anstelle eines Schlusswortes ...

... ein Zitat des römischen Kaisers und Philosophen MARCUS AURELIUS ANTONIUS (121–180 n. Chr.; 161–180 regierend),
„Los der Könige ist es, Gutes zu tun, aber schlechten Dank zu ernten."[1]

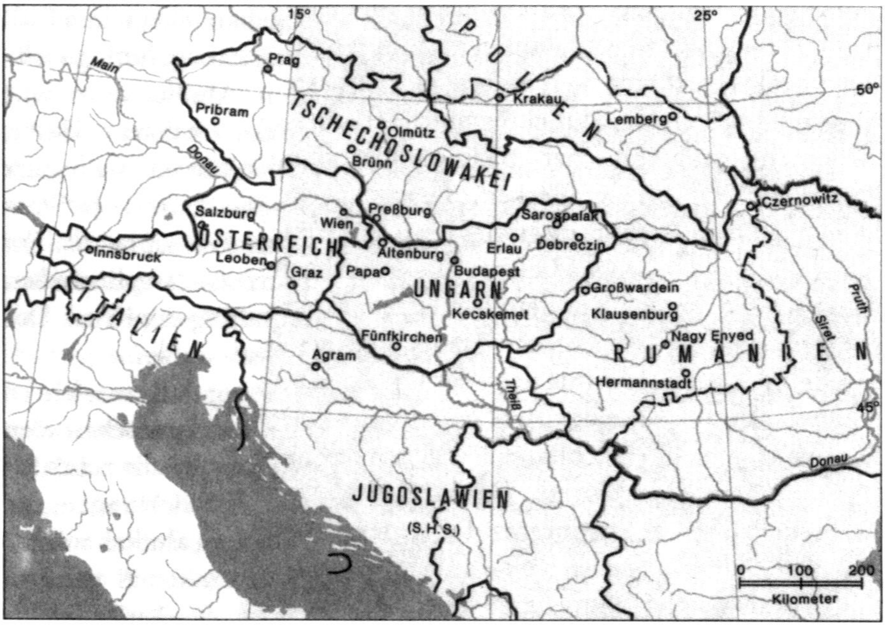

Abb. 45: Die österreichisch-ungarische Monarchie
und ihre Aufteilung nach dem 1. Weltkrieg

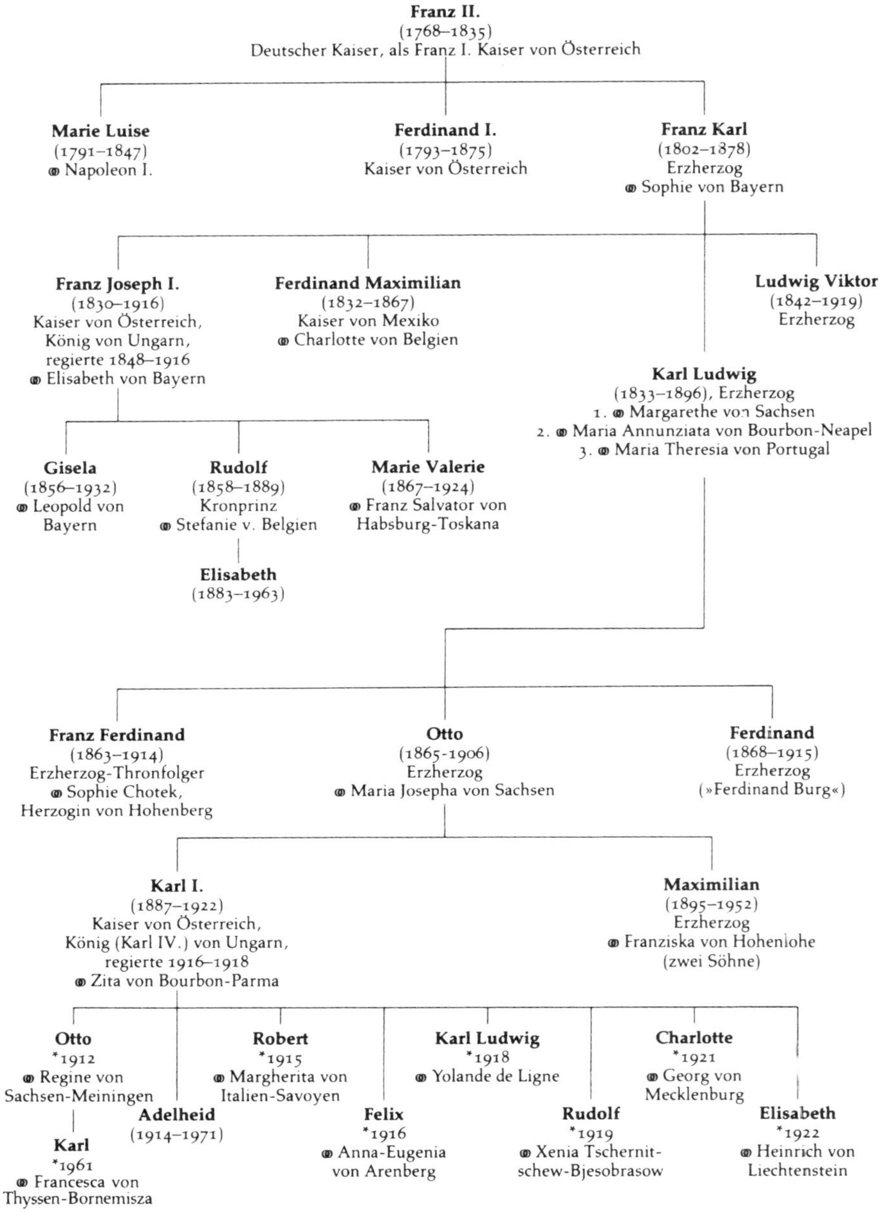

Abb. 46: Stammtafel der Habsburg-Lothringer
im 19. und 20. Jahrhundert

Anmerkungen

2. Baden bei Wien

[1] Adolf Schmidl, Wien's Umgebungen auf zwanzig Stunden im Umkreis. 3. Bd. (Wien 1839) S. 407–410.
[2] Dr. F. C. Weidmann, Wien's malerische Umgebungen (Wien [4] 1870) S. 103.
[3] Ebd., S. 105–107.
[4] Helmut Waller (Hrsg.), In Vorderösterreichs Amt und Würden. Die Selbstbiographie des Johann Baptist Martin von Arand (1743–1821), (Stuttgart 1996) S. 54 f.

3. Kaiser Franz II. (I.)

[1] Anna Hedwig Benna, Der Wiener Kongress 1814/15. In: Bürgersinn und Aufbegehren. Biedermeier und Vormärz in Wien 1815–1848. Ausstellungskatalog (Wien 1987) S. 14.
[2] Ebd. S. 14 f.
[3] Günter Düriegl, Metternich. In: Bürgersinn und Aufbegehren, S. 35 f.
[4] Richard Blaas, Kaiser Franz I. von Österreich (1768–1835). In: 150 Jahre Wiener Kongress. Ausstellungskatalog (Wien 1965) S. 95.
[5] Heinrich Drimmel, Franz von Österreich. Kaiser des Biedermeier (Wien/München 1982) S. 114.
[6] Blaas, Kaiser Franz I. S. 94.
[7] Hermann Fillitz, Die österreichische Kaiserkrone (Wien 1959) S. 28 f.
[8] Ebd., S. 22–24.
[9] Otto Biba, Gott erhalte! Joseph Haydns Kaiserhymne (Wien 1982) S. 4 f.
[10] Ebd., S. 19 f.
[11] Ebd., S. 21.
[12] Hermann Rollett, Neue Beiträge zur Chronik der Stadt Baden bei Wien. X. Teil (Baden 1897) S. 1.
[13] Martin Joseph Mayer, Miscellen über den Curort Baden in Niederösterreich. 2. Bd. (Wien 1829) S. 52 f.
[14] Informationsblatt der Kur- und Bäderdirektion Baden (Baden 1996).
[15] Viktor Wallner, Der „gute Kaiser Franz" und seine „Sommerresidenz" Baden. In: Neue Badener Blätter 3. Jahrg. Nr. IV (Baden [2] 1996) S. 17.

4. Der große Stadtbrand

[1] Eva B. Ottilinger, Lieselotte Hanzl, Kaiserliche Interieurs. Die Wohnkultur des Hofes im 19. Jahrhundert (Wien/Köln/Weimar 1997) S. 248 f.
[2] Österreichisch=Kaiserliche privilegierte Wiener Zeitung vom 1. August 1812, S. 251.
[3] Ebd., vom 29. Juli 1812, S. 245.
[4] Erzherzog Anton Viktor (1779–1835), Bruder des Kaisers Franz II. (I.).
[5] Wiener Zeitung vom 1. August 1812, S. 251.

5. Ein Haus für den Kaiser

[1] Haus-, Hof- und Staatsarchiv, Obersthofmeisteramt (= O Me A), Zl. 184/1813, Karton 196. Ferdinand Fürst Trauttmannsdorff-Weinsberg (1749–1827), ist Obersthofmeister des Kaisers Franz II. (I.).
[2] Haus-, Hof- und Staatsarchiv, O Me A, S.R. 326–328, fol. 9r–10r.
[3] Alfred Francis Přibram, Materialien zur Geschichte der Preise und Löhne in Österreich (Wien 1938), S. 443.
[4] Haus-, Hof- und Staatsarchiv, O Me A, Zl. 184/1813, Karton 196.
[5] Ottilinger, Hanzl, Kaiserliche Interieurs, S. 249.
[6] Ebd., S. 253.

6. Instandsetzungen

[1] HHStA, O Me A, Akt Nr. 184/1813 „Ankauf des fürstlich Esterhazyschen Hauses Nr. 20 in Baden für Se. Majestät Kaiser Franz I."
[2] Ottilinger, Hanzl, Kaiserliche Interieurs, S. 249–252.

7. Triumphbögen und Jubel

[1] Viktor Bibl, Kaiser Franz und sein Erbe (Wien/Berlin/Leipzig/München 1922), S. 301.
[2] Fhr. v. Helfert, Kaiser Franz I. von Österreich und die Stiftung des Lombardisch-Venetianischen Königreiches (Innsbruck 1901) S. 488 f.
[3] Joseph Rossi (Hrsg.), Denkbuch für Fürst und Vaterland, 1. Bd. (Wien 1814), S. 13–16.
[4] Wiener Zeitung vom 7. 7. 1827, S. 1.
[5] Bibl, Kaiser Franz, S. 302.

8. Der Badener Kongress

[1] Kornelius Fleischmann, Biedermeierliteratur in und um Baden und Bad Vöslau (Baden 1983), S. 54.
[2] Ausstellungskatalog: 150 Jahre Wiener Kongreß (Wien 1965), S. 481–489.
[3] Fleischmann, Biedermeierliteratur, S. 56–60.
[4] Ebd., S. 73.
[5] Jean de Bourgoing, Historik und Legende. In: Ausstellungskatalog Wiener Kongreß, S. 47–51.

9. Die Kultur des Biedermeier

[1] Ausstellungskatalog: Bürgersinn und Aufbegehren. Biedermeier und Vormärz in Wien. 1815–1848 (Wien 1987), S. 263.
[2] Franz Sobek, Wiener Uhren der Kongreßzeit. In: 150 Jahre Wiener Kongreß, S. 391–393.
[3] Gespräch der Verfasserin mit Restaurator Walter Frühwirth am 21. 11. 1998.
[4] Ausstellungskatalog: Im Schatten der Weilburg. Baden im Biedermeier (Baden 1988), S. 7.
[5] Regina Forstner, Vom Empire zum 2. Rokoko. Bürgerliche Damen- und Herrenmode. In: Ausstellungskatalog Bürgersinn, S. 337 f.
[6] Viktor Wallner, Franz Grillparzer und Baden. Neue Badener Blätter (Baden [2]1996), S. 73.
[7] Franz Grasberger, Musikstadt Wien zur Zeit des Wiener Kongresses. In: Ausstellungskatalog Wiener Kongreß, S. 281.
[8] Josef Weinheber, Wien wörtlich (Wien 1966), S. 37.

10. Erzherzog Carl und Erzherzog Anton Viktor

[1] Udo Arnold (Hrsg.), Die Hochmeister des Deutschen Ordens (1190–1994) (Marburg 1998), S. 272.
[2] Ebd., S. 274–276.
[3] Fleischmann, Biedermeierliteratur, S. 11 f.
[4] HHStA, Zeremoniellprotokoll 1835, Beilage zu S. 96.

11. Kardinal Fürsterzbischof Rudolph

[1] HHStA, Haus-Archiv, Familien-Akten, Karton 68, fol. 576–578.
[2] Irmgard Schiel, Marie Louise. Eine Habsburgerin für Napoleon (Stuttgart 1983), S. 325.
[3] HHStA, Zeremoniell-Protokoll 1828, fol. 24 und 25.
[4] Ebd., fol. 25.
[5] Sieghard Brandenburg (Hrsg.), Ludwig van Beethoven. Briefwechsel Gesamtausgabe Bd. 2, 1808–1813 (München 1996), S. 171.
[6] Ebd., S. 352–353.
[7] Brandenburg, Beethoven. Briefwechsel Bd. 2, S. 353.
[8] Alfred Willander, Beethoven und Baden (Baden 1989), S. 14.
[9] HHStA, Zeremoniell-Protokoll 1831, fol. 57.
[10] Ebd., fol. 59.

12. Habsburg privat

[1] Eleonore Hartmann, Die Hofreisen Kasier Franz I. Ungedr. phil. Diss. (Wien 1968), S. 246.
[2] Alfred Wokoun (Hrsg.), Der Brandhofer und seine Hausfrau. Von ihm selbst erzählt. Eigenhändige Aufzeichnung des Erzherzogs Johann von Österreich (Graz 1930), S. 87.
[3] Walter Koschatzky, Erzherzog Johann. In: Ausstellungskatalog Wiener Kongreß, S. 218f.
[4] André Castelot, Der Herzog von Reichstadt. Biographie (Wien/Berlin/Stuttgart 1960), S. 203.
[5] Ebd., S. 195.
[6] Ebd., S. 235.
[7] Wiener Zeitung vom 1. 8. 1818, S. 693.
[8] Castelot, Herzog von Reichstadt, S. 235.
[9] HHStA, Zeremoniell-Protokoll 1823, fol. 202–203.
[10] Castelot, Herzog von Reichstadt, S. 415.
[11] HHStA, Haus-Archiv, Familienakten Karton 58, fol. 39.
[12] Viktor Bibl, Der Herzog von Reichstadt. Sein Lebensroman (Wien/Leipzig/Lübeck 1925), S. 273f.
[13] Castelot, Herzog von Reichstadt, S. 284.
[14] Ebd., S. 288.
[15] Ebd., S. 395.
[16] HHStA, Zeremoniell-Protokoll 1832, fol. 48.
[17] HHStA, Zeremoniell-Protokoll 1829, fol. 21.
[18] Fleischmann, Biedermeierliteratur, S. 116.
[19] Hartmann, Hofreisen, S. 231.
[20] Ebd., S. 211.

13. Das Übungslager bei Traiskirchen

[1] HHStA, Zeremoniell-Protokoll 1828, fol. 27
[2] Ebd.
[3] Ebd., fol. 28.
[4] HHStA, Zeremoniell-Protokoll 1828, fol. 29.
[5] Ebd.

14. Schüsse auf den Thronfolger

[1] HHStA, Zeremoniell-Protokoll 1832, fol. 49 und fol. 55.
[2] Wiener Zeitung vom 10. 8. 1832, S. 735 und vom 13. 8. 1832, S. 743
[3] HHStA, Zeremoniell-Protokoll 1832, fol. 55.
[4] Wiener Zeitung vom 21. 8. 1832, S. 767.
[5] Wiener Zeitung vom 20. 8. 1832, S. 763.
[6] Hermann Rollett, Neue Beiträge zur Chronik der Stadt Baden bei Wien. XIII. Schlußteil (Baden 1900), S. 27f.
[7] HHStA, Zeremoniell-Protokoll 1832, fol. 56.
[8] Wiener Zeitung vom 14. 9. 1832, S. 847.
[9] Wiener Zeitung vom 30. 8. 1832, S. 799.
[10] Wiener Zeitung vom 31. 8. 1832, S. 803.
[11] Wiener Zeitung vom 4. 9. 1832, S. 815.
[12] Wiener Zeitung vom 5. 9. 1832, S. 819.
[13] Wiener Zeitung vom 7. 9. 1832, S. 827f.
[14] Wiener Zeitung vom 12. 9. 1832, S. 839.
[15] Wiener Zeitung vom 14. 9. 1832, S. 847.
[16] Wiener Zeitung vom 24. 9. 1832, S. 879.
[17] Wiener Zeitung vom 25. 9. 1832, S. 883.
[18] Wiener Zeitung vom 17. 9. 1832, S. 855.
[19] Rollett, Beiträge zur Chronik IV. Teil (Baden 1891), S. 64.
[20] HHStA, Zeremoniell-Protokoll 1833, fol. 13.
[21] NÖ. Kulturberichte, Heft 2 (Wien 1997), S. 14f.

22 Gespräch der Verfasserin mit dem Superior der Basilika Mariazell im März 1997.
23 HHStA, Zeremoniell-Protokoll 1833, fol. 16.
24 HHStA, Zeremoniell-Protokoll 1834, fol. 19.
25 HHStA, Zeremoniell-Protokoll 1834, fol. 20.

15. Katharina Schratt – eine Badenerin

1 Georg Markus, Katharina Schratt (Wien 1982), S. 38–40.
2 Gerhard Tötschinger, Herbert Hochhofer, Baden persönlich (Baden o. J.), S. 29.

16. Das Ende einer Epoche

1 Haus-, Hof- und Staatsarchiv, Zeremoniellprotokoll 1916, fol. 137.
2 Manfried Rauchensteiner, Der Tod des Doppeladlers. Österreich-Ungarn und der Erste Weltkrieg (Graz/Wien/Köln 1993), S. 396 f.
3 Kriegsarchiv, Militärkanzlei Seiner Majestät, MKSM 1916 $\frac{68-8}{5}$.
4 Ingrid Haslinger, Ehemalige Hofsilber- und Tafelkammer. Der kaiserliche Haushalt (Wien/München 1997), S. 101.

17. Huldigungen

1 Gesellschaft der Musikfreunde in Wien, o. J.
2 Gesellschaft der Musikfreunde in Wien (Wien 1917).
3 Gesellschaft der Musikfreunde in Wien (Wien 1917), Worte von Baronin Hedda v. Skoda.
4 Peter Broucek, Chef des Generalstabes und Oberster Kriegsherr. Aus den Erinnerungen des Feldmarschalleutnants Alois Klepsch-Kloth von Roden, k. u. k. Delegierten im Deutschen Großen Hauptquartier, 1915/18. In: Mitteilungen des Österr. Staatsarchivs 27/1974, S. 399.
5 HHStA, Zeremoniellprotokoll 1917, fol. 13–14.
6 Ebd., fol. 79.

18. Der neue Kaiser

1 Erich Zöllner, Geschichte Österreichs. Von den Anfängen bis zur Gegenwart (Wien ^{7}1984), S. 486.
2 Rauchensteiner, Tod des Doppeladlers, S. 398.
3 Heinz Rieder, Kaiser Karl. Der letzte Monarch Österreich-Ungarns (München 1981), S. 90.
4 Zöllner, Geschichte Österreichs, S. 486.
5 Hans Herzfeld, Der Erste Weltkrieg (München ^{2}1970), S. 28.
6 Stephan Verosta, Theorie und Realität von Bündnissen. Heinrich Lammasch, Karl Renner und der Zweibund. 1897–1914 (Wien 1971), S. 509 f.
7 Herzfeld, 1. Weltkrieg, S. 127.
8 August von Cramon, Paul Fleck, Deutschlands Schicksalsbund mit Österreich-Ungarn. Von Conrad von Hötzendorf zu Kaiser Karl (Berlin 1932), S. 58–62.
9 Rauchensteiner, Tod des Doppeladlers, S. 404 f.
10 Ebd., S. 398 f.
11 Erika Weinzierl, Kurt Skalnik (Hrsg.), Österreich 1918–1938. Geschichte der Ersten Republik Bd. 1 (Graz/Wien/Köln 1983), S. 28.
12 Zöllner, Geschichte Österreichs, S. 486.
13 KA, MKSM 1916 $\frac{68-8}{8-1.2.3.}$.
14 Peter Fiala, Die letzte Offensive gegen Italien. In: Österreichische Militärische Zeitschrift 6 (1968), S. 398.
15 Rauchensteiner, Tod des Doppeladlers, S. 399–402.
16 Broucek, Chef des Generalstabes und Oberster Kriegsherr, S. 398–401.

19. Ein neuer Beginn

1 „Neues Wiener Tagblatt“ vom 23. November 1916, Nr. 325, S. 1.
2 Reinhold Lorenz, Kaiser Karl und der Untergang der Donaumonarchie (Graz/Wien/Köln 1959), S. 265–268.

[3] Lorenz, Kaiser Karl, S. 273.
[4] Tageszeitung „Die Presse“ vom 3. Jänner 2000, S. 9.
[5] Wochenzeitung „Der Neue Pester Lloyd“ vom 6. Jänner 2000, S. 1.

20. Die Verlegung des Armeeoberkommandos

[1] KA, MKSM 1916 $\frac{65-2}{4-2}$.
[2] KA, MKSM 1916 $\frac{65-2}{4-2}$.
[3] Ebd.
[4] Rauchensteiner, Tod des Doppeladlers, S. 416.

21. Badens Stadtväter

[1] Stadtarchiv Baden, Gemeindeausschuß-Protokoll für vertrauliche Sitzungen GB 3d/7, Band VII v. 27. 4. 1914–29. 12. 1916, S. 239–241.
[2] Stadtarchiv Baden, Protokoll f. vertraul. Sitzungen, Bd. VII, S. 251–254.
[3] Stadtarchiv Baden, Protokoll f. öffentl. Sitzungen GB 3b/21, Band XII Oe. v. 7. 4. 1914–15. 12. 1916, S. 709 f.
[4] Stadtarchiv Baden, Protokoll f. vertraul. Sitzungen, Bd. VII, S. 262–283.

22. Eine Stadt im Banne des Militärs

[1] Stadtarchiv Baden, Photosammlung, Mappe 1. Weltkrieg.
[2] Badener Zeitung vom 13. Jänner 1917, S. 3.
[3] Ebd. vom 17. Jänner 1917, S. 1.

23. Baden ist wieder „Kaiserstadt“

[1] Rieder, Kaiser Karl, S. 91.
[2] Arthur Graf Polzer-Hoditz, Kaiser Karl. Aus der Geheimmappe seines Kabinettchefs (Wien ^{2}1980), S. 261 f.
[3] Ebd., S. 275.
[4] Ebd., S. 301.
[5] Wolfdieter Bihl, Der Friede von Brest-Litowsk und die Folgen. In: Österreichische Militärische Zeitschrift, Heft 6 (Wien 1968), S. 375.
[6] Rauchensteiner, Tod des Doppeladlers, S. 429.
[7] Ebd., S. 430.
[8] Ebd., S. 430.
[9] Stadtarchiv Baden, Protokoll über die öffentliche und vertrauliche Gemeindeausschuß-Sitzung vom 8. Juli 1915, Band XII Oe. vom 7. 4. 1914–15. 12. 1916, GB/3b/21, S. 374–376.
[10] Lorenz, Kaiser Karl, S. 315 f.
[11] KA, Generaladjutantur GASM 1917, 18./2.
[12] Lorenz, Kaiser Karl, S. 257.
[13] KA, Generaladjutantur GASM 1917, 1./3.
[14] HHStA, Neuere Zeremonialakten NZA Karton 314, Rubrik XIV/1917, Eintragung zum 23. April 1917.
[15] Ebd., Eintragung zum 16. April 1917.
[16] KA, GASM 1917, 47./1.
[17] Stadtarchiv Baden, Vertrl. Gemeinderats-Plenar-Sitzungs-Protokoll VIII., vom 23. 2. 1817–16. 12. 1918, S. 1–8.

24. Der U-Bootkrieg

[1] HHStA, Neuere Zeremonialakten NZA Karton 314, Rubrik XIV/1917, Eintragung zum 18. Jänner 1917.
[2] Karl Freiherr von Werkmann, Deutschland als Verbündeter. Kaiser Karls Kampf um den Frieden (Berlin 1931), S. 123.
[3] Rauchensteiner, Tod des Doppeladlers, S. 422 f.

4 Hans Herzfeld, Der Erste Weltkrieg (München ^{2}1970), S. 173.
5 August von Cramon, Paul Fleck, Deutschlands Schicksalsbund, S. 176–178.
6 Werkmann, Deutschland als Verbündeter, S. 124 f.

25. Soziale und humanitäre Maßnahmen

1 Elisabeth Kovács, Zur Bevölkerungs- und Sozialpolitik Kaiser und König Karls. In: Jahrbuch 1996 der Kaiser Karl Gebetsliga (Wien 1996), S. 23.
2 Cramon, Fleck, Deutschlands Schicksalsbund, S. 203 f.
3 Jahrbuch 1973 der Kaiser Karl Gebetsliga (Wien 1973), S. 15–19.
4 Kovács, Bevölkerungs- und Sozialpolitik, S. 26.
5 Kovács, Bevölkerungs- und Sozialpolitik, S. 30.
6 Ebd., S. 31.
7 Ebd., S. 32.
8 KA, MKSM $\frac{85-1}{30}$ ex 1917.
9 KA, MKSM $\frac{85-1}{30-4}$ ex 1917.
10 Kovács, Bevölkerungs- und Sozialpolitik, S. 33 f.
11 KA, MKSM $\frac{13-8}{9}$ ex 1916.
12 KA, MKSM $\frac{13-7}{27}$ ex 1917.
13 Kovács, Bevölkerungs- und Sozialpolitik, S. 35.
14 Rieder, Kaiser Karl, S. 163.
15 Rauchensteiner, Tod des Doppeladlers, S. 478.
16 Kovács, Bevölkerungs- und Sozialpolitik, S. 35–37.
17 Rauchensteiner, Tod des Doppeladlers, S. 449.
18 Brook-Shepherd, Um Krone und Reich, S. 125 f.

26. Die Schatten des Krieges

1 Zöllner, Geschichte Österreichs, S. 487.
2 Weinzierl, Skalnik, Österreich 1918–1938, S. 34.
3 Österreichische Nationalbibliothek, Flugblätter- und Plakatesammlung.
4 Badener Zeitung vom 7. Juli 1917, S. 2.
5 Badener Zeitung vom 16. 5. 1917, S. 1–2.
6 Ausstellungskatalog: Das letzte Vivat. Plakate und Parolen aus der Kriegssammlung der k. k. Hofbibliothek (Wien 1995), S. 98.
7 Badener Zeitung vom 13. 1. 1917, S. 4.
8 Badener Zeitung vom 12. 9. 1917, S. 1.
9 Badener Zeitung vom 21. 10. 1916, S. 1.
10 Badener Zeitung vom 1. 1. 1916, S. 1.
11 Badener Zeitung vom 4. 4. 1917, S. 2.
12 Das letzte Vivat, S. 98.
13 Karl Kraus, Die letzten Tage der Menschheit. Tragödie in fünf Akten (München 1926), 42. Szene, S. 644.

Exkurs: Ein Auto mit Geschichte

1 Historisches Archiv der Österreichischen Automobilfabrik Gräf & Stift (Wien o. J.).

27. Kaiserfeste

1 Badener Zeitung vom 31. 1. 1917, S. 1–2.
2 Erwein Lobkowicz, Erinnerungen an die Monarchie (Wien/München 1989), S. 308–310.
3 Badener Zeitung vom 7. 7. 1917, S. 2.
4 Wiener Zeitung vom 7. 7. 1917, S. 8.
5 Badener Zeitung vom 7. 7. 1917, S. 2.

[6] Andrea Blöchl, Die Kaisergedenktage. In: Emil Brix, Hannes Stekl (Hrsg.), Der Kampf um das Gedächtnis. Öffentliche Gedenktage in Mitteleuropa (Wien/Köln/Weimar 1997), S. 117.
[7] Badener Zeitung vom 18. 8. 1917, S. 2.
[8] Blöchl, Kaisergedenktage, S. 119.
[9] Badener Zeitung vom 21. 8. 1918, S. 2.
[10] Badener Zeitung vom 3. 11. 1917, S. 1.
[11] Badener Zeitung vom 7. 11. 1917, S. 1–2.
[12] Badener Zeitung vom 3. 4. 1918, S. 1–2.

28. Der „unter dem Purpur" geborene Sohn

[1] Lobkowicz, Erinnerungen, S. 316.
[2] KA, GASM 25./7.
[3] Lobkowicz, Erinnerungen, S. 314.
[4] KA, GASM 1918, 12./3.
[5] Badener Zeitung vom 13. 3. 1918, S. 1.
[6] Gespräch der Verfasserin mit Erzherzog DDr. Otto von Habsburg-Lothringen am 29. 11. 1994.
[7] Erich Feigl, Kaiserin Zita. Legende und Wahrheit (Wien/München 1977), S. 311.
[8] Badener Zeitung vom 16. 3. 1918, S. 1.
[9] Badener Zeitung vom 17. 8. 1918, S. 2–3.
[10] HHStA, PA I, K 1089, Telegramm Nr. 265 vom 10. 3. 1918.

29. Der Anfang vom Ende

[1] Hugo Portisch, Österreich I. Die unterschätzte Republik (Wien 1989), S. 12.
[2] HHStA, PA I, 1092 a, Liasse 2, Nachlass Demblin.
[3] Joseph Roth, Radetzkymarsch (Amsterdam/Köln/Berlin 1950), S. 188.
[4] Weinzierl/Skalnik, Österreich 1918–1938, S. 29.
[5] Rauchensteiner, Tod des Doppeladlers, S. 555.
[6] HHStA, PA I, 1092 a, Nachlass Czernin fol. 219.
[7] Alexander Demblin (Hrsg.), August Demblin. Minister gegen Kaiser. Aufzeichnungen eines österr.-ungar. Diplomaten über Außenminister Czernin und Kaiser Karl (Wien/Köln/Weimar 1997), S. 78 f.
[8] Gordon Brook-Shepherd, Zita. Die letzte Kaiserin (Wien 1991), S. 144.
[9] AVA, k. k. Min.rats.-Präs., Zl. 10740/1918, fol. 30–31.
[10] Rauchensteiner, Tod des Doppeladlers, S. 559.
[11] Feigl, Kaiserin Zita, S. 324.
[12] Ebd., S. 314.
[13] Badener Zeitung vom 11. 5. 1918, S. 3.
[14] Badener Zeitung vom 12. 1. 1918, S. 3.

30. Das Ende

[1] Rauchensteiner, Tod des Doppeladlers, S. 565.
[2] Peter Fiala, Die letzte Offensive gegen Italien. In: Österr. Militärische Zeitschrift (ÖMZ), Heft 6 (Wien 1968), S. 398.
[3] Ebd., S. 400.
[4] Herzfeld, 1. Weltkrieg, S. 338.
[5] Zöllner, Geschichte Österreichs, S. 490.
[6] Helmut Rumpler, Das Völkermanifest Kaiser Karls vom 16. Oktober 1918. Letzter Versuch zur Rettung des Habsburgerreiches (Wien 1966), S. 6.
[7] Ebd., S. 29 f.
[8] Ebd., S. 40.
[9] Ebd., S. 58.
[10] Brook-Shepherd, Um Krone und Reich, S. 214.
[11] Fiala, Letzte Offensive, S. 406.

[12] Bruno Brehm, Weder Kaiser noch König. Der Untergang der Habsburgischen Monarchie (München 1933), S. 288f.
[13] J. Hans, Zum Waffenstillstand von Villa Giusti/Padua. 3. November 1918 (Klagenfurt [2] 1968), S. 19f.
[14] Fiala, Letzte Offensive, S. 408.
[15] Badener Zeitung vom 6. 11. 1918, S. 1.
[16] Peter Broucek, Karl I. (IV.). Der politische Weg des letzten Herrschers der Donaumonarchie (Wien/Köln/Weimar 1997), S. 212.
[17] Ebd., S. 245.

31. Anstelle eines Schlusswortes ...

[1] Marc Aurel, Selbstbetrachtungen (Stuttgart 1948), S. 92.

Quellen- und Literaturverzeichnis

Ungedruckte Quellen

Haus-, Hof- und Staatsarchiv (HHStA)
Akten des Obersthofmeisteramtes (O Me A) aus 1813, Karton 196,
Sonderreihe 326–328,
Haus-Archiv, Familien-Akten,
Karton 58
Karton 68,
Zeremoniell-Protokoll 1823
1828
1829
1831
1832
1833
1834
1835
1916
1917,
Neuere Zeremonialakten (NZA) aus 1917, Karton 314,
Politisches Archiv I (PA)
Nachlaß Czernin und Demblin 1092 a

Österreichisches Staatsarchiv (StA), Kriegsarchiv (KA)
Akten der Generaladjutantur Seiner Majestät (GASM) aus 1917 und 1918,
Akten der Militärkanzlei Seiner Majestät (MKSM) aus 1916 und 1917,
Allgemeines Verwaltungsarchiv (AVA) k. k. Min.rats-Präs. 1918

Stadtarchiv Baden, Gemeindeausschuß-Protokolle 1914–1918

Archiv und Sammlungen der Gesellschaft der Musikfreunde in Wien

Archiv der Österr. Automobilfabrik Gräf & Stift in Wien

Gedruckte Quellen

Udo Arnold (Hrsg.), Die Hochmeister des Deutschen Ordens. 1190–1994 (Marburg 1998)

Anna Hedwig Benna, Der Wiener Kongreß 1814/15. In: Bürgersinn und Aufbegehren. Biedermeier und Vormärz in Wien 1815–1848. Ausstellungskatalog (Wien 1987)

Otto Biba, Gott erhalte! Joseph Haydns Kaiserhymne (Wien 1982)

Viktor Bibl, Kaiser Franz und sein Erbe (Wien/Berlin/Leipzig/München 1922)

Viktor Bibl, Der Herzog von Reichstadt. Sein Lebensroman (Wien/Leipzig/Lübeck 1925)

Wolfdieter Bihl, Der Friede von Brest-Litowsk und die Folgen. In: Österreichische Militärische Zeitschrift (ÖMZ) Heft 6 (Wien 1968)

Richard Blaas, Kaiser Franz I. von Österreich (1768–1835). In: 150 Jahre Wiener Kongreß. Ausstellungskatalog (Wien 1965)

Andrea Blöchl, Die Kaisergedenktage. In: Emil Brix, Hannes Stekl (Hrsg.), Der Kampf um das Gedächtnis. Öffentliche Gedenktage in Mitteleuropa (Wien/Köln/Weimar 1997)

Jean de Bourgoing, Historik und Legende. In: 150 Jahre Wiener Kongreß. Ausstellungskatalog (Wien 1965)
Sieghard Brandenburg (Hrsg.), Ludwig van Beethoven. Briefwechsel Gesamtausgabe. Bd. 2, 1808–1813 (München 1996)
Bruno Brehm, Weder Kaiser noch König. Der Untergang der Habsburgischen Monarchie (München 1933)
Gordon Brook-Shepherd, Um Krone und Reich. Die Tragödie des letzten Habsburgerkaisers (Wien/München/Zürich 1968)
Gordon Brook-Shepherd, Zita. Die letzte Kaiserin (Wien 1991)
Peter Broucek, Chef des Generalstabes und Oberster Kriegsherr. Aus den Erinnerungen des Feldmarschalleutnants Alois Klepsch-Kloth von Roden, k. u. k. Delegierter im Deutschen Großen Hauptquartier, 1915/18. In: Mitteilungen des Österreichischen Staatsarchivs 27/1974
Peter Broucek, Karl I. (IV.). Der politische Weg des letzten Herrschers der Donaumonarchie (Wien/Köln/Weimar 1997)
André Castelot, Der Herzog von Reichstadt. Biographie (Wien/Berlin/Stuttgart 1960)
August von Cramon, Paul Fleck, Deutschlands Schicksalsbund mit Österreich-Ungarn. Von Conrad von Hötzendorf zu Kaiser Karl (Berlin 1932)
Alexander Demblin (Hrsg.), August Demblin. Minister gegen Kaiser. Aufzeichnungen eines österreichisch-ungarischen Diplomaten über Außenminister Czernin und Kaiser Karl (Wien/Köln/Weimar 1997)
Heinrich Drimmel, Franz von Österreich. Kaiser des Biedermeier (Wien/München 1982)
Günter Düriegl, Metternich. In: Bürgersinn und Aufbegehren. Biedermeier und Vormärz in Wien 1815–1848. Ausstellungskatalog (Wien 1987)
Erich Feigl, Kaiserin Zita. Legende und Wahrheit (Wien/München 1977)
Peter Fiala, Die letzte Offensive gegen Italien. In: Österreichische Militärische Zeitschrift (ÖMZ) Heft 6 (Wien 1968)
Hermann Fillitz, Die österreichische Kaiserkrone (Wien 1959)
Kornelius Fleischmann, Biedermeierliteratur in und um Baden und Bad Vöslau (Baden 1983)
Regina Forstner, Vom Empire zum 2. Rokoko. Bürgerliche Damen- und Herrenmode. In: Bürgersinn und Aufbegehren. Biedermeier und Vormärz in Wien 1815–1848. Ausstellungskatalog (Wien 1987)
Franz Grasberger, Musikstadt Wien zur Zeit des Wiener Kongresses. In: 150 Jahre Wiener Kongreß. Ausstellungskatalog (Wien 1965)
J. Hans, Zum Waffenstillstand von Villa Giusti/Padua. 3. November 1918 (Klagenfurt ^{2}1968)
Eleonore Hartmann, Die Hofreisen Kaiser Franz I. Phil. Dissertation (Wien 1968)
Ingrid Haslinger, Ehemalige Hofsilber- und Tafelkammer. Der kaiserliche Haushalt (Wien/München 1997)
Frh. v. Helfert, Kaiser Franz I. von Österreich und die Stiftung des Lombardisch-Venezianischen Königreiches (Innsbruck 1901)
Hans Herzfeld, Der Erste Weltkrieg (München ^{2}1970)
Walter Koschatzky, Erzherzog Johann. In: 150 Jahre Wiener Kongreß. Ausstellungskatalog (Wien 1965)

Elisabeth Kovács, Zur Bevölkerungs- und Sozialpolitik Kaiser und König Karls. In: Jahrbuch 1996 der Kaiser Karl Gebetsliga (Wien 1996)
Karl Kraus, Die letzten Tage der Menschheit. Tragödie in fünf Akten (München 1926)
Erwein Lobkowicz, Erinnerungen an die Monarchie (Wien/München 1989)
Reinhold Lorenz, Kaiser Karl und der Untergang der Donaumonarchie (Graz/Wien/Köln 1959)
Marc Aurel, Selbstbetrachtungen (Stuttgart 1948)
Georg Markus, Katharina Schratt (Wien 1982)
Martin Joseph Mayer, Miscellen über den Curort Baden in Niederösterreich. 2. Bd. (Wien 1829)
Eva B. Ottilinger, Lieselotte Hanzl, Kaiserliche Interieurs. Die Wohnkultur des Hofes im 19. Jahrhundert (Wien/Köln/Weimar 1997)
Arthur Graf Polzer-Hoditz, Kaiser Karl. Aus der Geheimmappe seines Kabinettchefs (Wien ^{2}1980)
Hugo Portisch, Österreich I. Die unterschätzte Republik (Wien 1989)
Alfred Francis Přibram, Materialien zur Geschichte der Preise und Löhne in Österreich (Wien 1938)
Manfried Rauchensteiner, Tod des Doppeladlers. Österreich-Ungarn und der Erste Weltkrieg (Graz/Wien/Köln 1993)
Heinz Rieder, Kaiser Karl. Der letzte Monarch Österreich-Ungarns (München 1981)
Hermann Rollett, Neue Beiträge zur Chronik der Stadt Baden bei Wien. IV. Teil (Baden 1891), X. Teil (Baden 1897), XIII – Schlußteil (Baden 1900)
Joseph Rossi (Hrsg.), Denkbuch für Fürst und Vaterland. 1. Bd. (Wien 1814)
Joseph Roth, Radetzkymarsch (Amsterdam/Köln/Berlin 1950)
Helmut Rumpler, Das Völkermanifest Kaiser Karls vom 16. Oktober 1918. Letzter Versuch zur Rettung des Habsburgerreiches (Wien 1966)
Irmgard Schiel, Marie Louise. Eine Habsburgerin für Napoleon. (Stuttgart 1983)
Alfred Schmidl, Wien's Umgebungen auf zwanzig Stunden im Umkreis. 3. Bd. (Wien 1839)
Franz Sobek, Wiener Uhren der Kongreßzeit. In: 150 Jahre Wiener Kongreß. Ausstellungskatalog (Wien 1965)
Gerhard Tötschinger, Herbert Hochhofer, Baden persönlich (Baden o. J.)
Stephan Verosta, Theorie und Realität von Bündnissen. Heinrich Lammasch, Karl Renner und der Zweibund. 1897–1914 (Wien 1971)
Helmut Waller (Hrsg.), In Vorderösterreichs Amt und Würden. Die Selbstbiographie des Johann Baptist Martin von Arand (1743–1821), (Stuttgart 1996)
Viktor Wallner, Der „gute Kaiser Franz“ und seine „Sommerresidenz“ Baden. Neue Badener Blätter (Baden ^{2}1996)
Viktor Wallner, Franz Grillparzer und Baden. Neue Badener Blätter (Baden ^{2}1996)
F. C. Weidmann, Wien's malerische Umgebungen (Wien ^{4} 1870)
Josef Weinheber, Wien wörtlich (Wien 1966)
Erika Weinzierl, Kurt Skalnik (Hrsg.), Österreich 1918–1938. Geschichte der Ersten Republik. Bd. 1 (Graz/Wien/Köln 1983)
Karl Freiherr von Werkmann, Deutschland als Verbündeter. Kaiser Karls Kampf um den Frieden (Berlin 1931)

Alfred Willander, Beethoven und Baden (Baden 1989)

Alfred Wokoun (Hrsg.), Der Brandhofer und seine Hausfrau. Von ihm selbst erzählt. Eigenhändige Aufzeichnung des Erzherzogs Johann von Österreich (Graz 1930)

Erich Zöllner, Geschichte Österreichs. Von den Anfängen bis zur Gegenwart (Wien 7 1984)

Österreichisch=Kaiserliche privilegierte Wiener Zeitung
Jahrgang 1812
1818
1827
1832

Wiener Zeitung Jahrgang 1917

Neues Wiener Tagblatt Jahrgang 1916

Badener Zeitung Jahrgang 1916
1917
1918

Die Presse Jahrgang 2000

Der Neue Pester Lloyd Jahrgang 2000

Jahrbuch 1973 der Kaiser Karl Gebetsliga (Wien 1973)

Informationsblatt der Kur- und Bäderdirektion Baden (Baden 1996)

Nö. Kulturberichte. Heft 2 (Wien 1997)

Ausstellungskatalog: Das letzte Vivat. Plakate und Parolen aus der Kriegssammlung der k. u. k. Hofbilbiothek (Wien 1995)

Abbildungsverzeichnis

		zu Baden. In: Neue Badener Blätter (Baden 1994), S. 23
15	Lebendmaske Napoleons	Rollettmuseum Baden. Aufnahme: Eva Reutt, Baden
16a)	Totenmaske Napoleons	Rollettmuseum Baden. Aufnahme: Eva Reutt, Baden
16b)	Totenmaske des Herzogs von Reichstadt	Rollettmuseum Baden. Aufnahme: Eva Reutt, Baden
17	Ludwig Beyfuhs, Baden am 9. August 1832	Basilika Mariazell. Aufnahme: Amt der Steiermärkischen Landesregierung, Graz, Kulturabteilung
18	Ferdinandsbrunnen, Detail	Badener Zeitung vom 26. 8. 1999, S. 7
19	Votivgabe mit Bleikugel	Benediktiner-Superiorat der Basilika Mariazell
20	Habsburgische Residenzen und Erinnerungsstätten in Baden	Dokumentation der Verfasserin unter Verwendung des Stadtplanes von Peter Pryida, Wien
21	Wilhelm Viktor Krauß, Kaiser Karl als Feldmarschall, 1917	Kunsthistorisches Museum
22	Kaiserin Zita	E. H. P. Cordfunke, Zita. Kaiserin von Österreich, Königin von Ungarn (Wien/Köln/Graz 1986), S. 85
23	Volkshymne	Flugblatt, anonym
24	Armee- und Flottenbefehl vom 2. Dezember 1916	Österreichisches Staatsarchiv, Kriegsarchiv, Militärkanzlei Seiner Majestät MKSM 1916 $\frac{68-8}{8}$
25	Der Große Titel des neuen Herrschers	Gordon Brook-Sheperd, Um Krone und Reich. Die Tragödie des letzten Habsburgerkaisers (Wien/München/Zürich, 1968) o. S.
26	Die Stephanskrone	Kálmán Benda, Erik Fügedi, Tausend Jahre Stephanskrone (Budapest 1987), Umschlagbild
27	Der Badener Bahnhof im Ersten Weltkrieg	Stadtarchiv Baden, Photosammlung, Mappe 1. Weltkrieg
28	Die Abteilungen des Armeeoberkommandos in Baden	Dokumentation der Verfasserin unter Verwendung des Stadtplanes von Peter Pryida, Wien
29a)	Arbeitszimmer Kaiser Karls im „Kaiserhaus“ zu Baden	Arthur Graf Polzer-Hoditz, Kaiser Karl. Aus der Geheimmappe seines Kabinettchefs (Wien ^{2}1980), o. S.
29b)	Schlafzimmer Kaiser Karls im „Kaiserhaus“	Arthur Graf Polzer-Hoditz, Kaiser Karl. Aus der Geheimmappe seines Kabinettchefs (Wien ^{2}1980), o. S.
30a)	Armee- und Flottenbefehl vom 2. März 1917	Österreichisches Staatsarchiv, Kriegsarchiv, Militärkanzlei Seiner Majestät MKSM 1917 $\frac{85-1}{30}$
30b)	Dem Armee- und Flottenbefehl angeschlossenes Aktenstück mit der Paraphe von Kaiser Karl	Österreichisches Staatsarchiv, Kriegsarchiv, Militärkanzlei Seiner Majestät MKSM 1917 $\frac{85-1}{30}$

31	Kundmachung der k. k. Bezirkshauptmannschaft Baden vom 14. Februar 1917	Österreichische Nationalbibliothek, Flugblätter- und Plakatesammlung
32	Spendenabzeichen	Ausstellungskatalog: Das letzte Vivat. Plakate und Parolen aus der Kriegssammlung der k. k. Hofbibliothek (Wien 1995), S. 89
33	Kaiser Karl unterwegs zur Tiroler Front, 1917	Historisches Archiv der Österreichischen Automobilfabrik Gräf & Stift, Wien
34	Generalfeldmarschall von Hindenburg am 2. Juli 1917 in Baden	Manfried Rauchensteiner, Der Tod des Doppeladlers. Österreich-Ungarn und der Erste Weltkrieg (Graz/Wien/Köln 1993), Abb. 32, o. S.
35	Erich Ludendorff und Arz von Straußenburg am 2. Juli 1917 in Baden	Ebd., Abb. 32, Ausschnitt, o. S.
36	Namenszüge Conrad, Arz, Hindenburg, Ludendorff	Otto Wöllner-Künast (Hrsg.), Das Badener Buch (Wien 1918), o. S.
37	Der Besuch des deutschen Kaisers Wilhelm II.	Rollettmuseum Baden
38	Die Namenszüge der verbündeten Monarchen	Österreichisches Staatsarchiv, Kriegsarchiv, Akten der Militärkanzlei
39	Die zwölf Isonzoschlachten. Juni 1915 – Dezember 1917	Manfried Rauchensteiner, Der Tod des Doppeladlers. Österreich-Ungarn und der Erste Weltkrieg (Graz/Wien/Köln 1993), o. S.
40	Die Kinder des Kaiserpaares	Stadtarchiv Baden, Karton Habsburger, Mappe Kaiser Karl
41	Taufschein des in Baden geborenen Kaisersohnes	Privatarchiv Erzherzog Carl-Ludwig von Habsburg-Lothringen, Brüssel
42	Handschreiben des Kaisers Karl	Otto Wöllner-Künast (Hrsg.), Das Badener Buch (Wien 1918), o. S.
43	Das Völkermanifest vom 16. Oktober 1918	Österr. Staatsarchiv, Allg. Verwaltungsarchiv AVA Nachlaß Eichhoff, Karton 1, fol. 4
44	Plakat mit der Verzichtserklärung vom 11. November 1918	Ausstellungskatalog: Das letzte Vivat. Plakate und Parolen aus der Kriegssammlung der k. k. Hofbibliothek (Wien 1995), S. 61
45	Die österreichisch-ungarische Monarchie und ihre Aufteilung nach dem 1. Weltkrieg	Heinz Rieder, Kaiser Karl. Der letzte Monarch Österreich-Ungarns. 1887–1922 (München 1981), S. 13
46	Stammtafel der Habsburg-Lothringer im 19. und 20. Jahrhundert	Ebd., S. 385